Ludwig Burgdörfer

Wer loslässt, hat die Hände frei

Ermutigunge
zum alltäglichen
Abschiednehmen

BRUNNEN
Verlag GmbH · Giessen

Dr. Ludwig Burgdörfer, geboren 1956, ist Pfarrer i.R. Er war Dekan und viele Jahre Leiter des Missionarisch Ökumenischen Dienstes der Evangelischen Kirche der Pfalz. Seit ca. 20 Jahren ist er Rundfunkpfarrer beim SWR und Autor verschiedener Bücher. Seine Themen: Grundlagen des Glaubens, Humor und Trauer („Trauern braucht seine Zeit", erschienen im Brunnen Verlag).

FSC
www.fsc.org
MIX
Papier | Fördert gute Waldnutzung
FSC® C083411

2. Auflage 2025

Lektorat: Stefan Loß
Umschlagmotiv: skorikova/Adobe Stock
Umschlaggestaltung: Daniela Sprenger
Satz: Brunnen Verlag GmbH
Druck: CPI books GmbH, Leck
ISBN Buch 978-3-7655-2186-7
ISBN E-Book 978-3-7655-7861-8
www.brunnen-verlag.de

Dieses Buch ist
unseren beiden Kindern
STEFAN und KATJA
von Herzen
gewidmet.
Ihnen verdanke ich
meine feine Grundausbildung
im gelassenen Loslassen.

Vorwort

Dieses Buch hat eine besondere Entstehungsgeschichte. In den letzten Jahren habe ich immer wieder erlebt, wie schwer es manchen Menschen fällt, Abschied zu nehmen, von Dingen, Menschen oder schlicht von eigenen Fähigkeiten. Ich selbst musste die Erfahrung machen, wie es ist, wenn man sich aufgrund einer schweren Krankheit von jetzt auf gleich von einem gesunden „normalen" Leben ohne Einschränkungen verabschieden muss.

Abschiede tun weh, aber sie gehören zum Leben – ob ich will oder nicht. Das habe ich im Laufe meines Lebens gelernt – und musste es selbst immer wieder durchbuchstabieren. Entscheidend ist, wie ich mit diesen Abschieden umgehe. Kann ich tatsächlich loslassen, bewusst Abschied nehmen, auch wenn es wehtut, auch wenn es dauert? Oder halte ich fest an dem, was mal war. Schaue ich nach hinten, unversöhnt mit der Vergangenheit, oder bin ich bereit, loszulassen und meinen Blick nach vorne zu richten?

Eigentlich liegt es auf der Hand, dass das Abschiednehmen und Loslassen die einzig sinnvolle Option ist. Und doch klammern sich Menschen an Vergangenes, weil sie sich schwertun mit dem Abschiednehmen und Loslassen. Zu beobachten, wie sehr „Altes" blockieren kann und so Leben verhindert, habe ich zunehmend als eine Belastung empfunden.

In mir reifte der Gedanke, zu diesem Thema ein Buch zu machen – einen praktischen Ratgeber, der hilft, die Vergangenheit hinter sich zu lassen und den Blick nach vorne zu richten. Aber wer sollte es schreiben?

Im Januar 2024 bekam ich eine Mail von Ludwig Burgdörfer. Er hat schon mehrere Bücher für BRUNNEN geschrieben, ist jetzt im Ruhestand und plante ein neues Buchprojekt. Inhaltlich sollte es dabei um das Thema „abschiedlich leben" gehen. Spontan habe ich Kontakt zu ihm aufgenommen. Wir waren beide überrascht zu sehen, wie gut unsere

Ideen zueinander passten. Gemeinsam haben wir ein Konzept erarbeitet und aus diesem Konzept ist dann innerhalb von nur wenigen Monaten dieses Buch entstanden.

In der gemeinsamen Arbeit hatten wir beide immer mehr den Eindruck, dass Gott bei der Idee für dieses Buch und auch bei der Umsetzung seine Finger im Spiel hatte. Da ging plötzlich vieles zusammen, und Stück für Stück setzte sich aus einem großen Puzzle ein ganzes Buch zusammen.

Ich bin sehr dankbar für dieses Buch, für den reichen Schatz an Erfahrungen aus seinem beruflichen Alltag und für die sehr persönlichen Erlebnisse, die Ludwig Burgdörfer in seine Texte hat mit einfließen lassen. Es ist ein echtes Herzensprojekt geworden für uns beide, und wir wünschen uns, dass es vielen Menschen Wege zeigt, selbst loszulassen und neue, hoffnungsvolle Perspektiven für das eigene Leben zu entdecken.

Stefan Loß, Lektor – Gießen im April 2024

Inhalt

Das fängt ja gut an …

Mit Abschied fängt das Leben an. Tatsächlich geht es so los, dass wir loslassen und aus dem gewohnten Rahmen aussteigen müssen. Wir können uns zwar nicht mehr so gut daran erinnern, aber es ist passiert: Wir sind geboren worden. Dazu haben wir erst einmal selber ziemlich wenig beigetragen. Und das ist auch gut so. Denn hätten sie uns vor der Geburt tatsächlich gefragt, ob wir Lust haben, aus der Komfortzone des Mutterschoßes auszusteigen, wir hätten wohl dankend abgelehnt.

Nun gut, es wäre mit der Zeit womöglich etwas eng geworden und uns wäre vielleicht der linke Fuß eingeschlafen und unsere Körperhaltung wäre extrem auf die Bandscheiben gegangen. Aber freiwillig wären wir wohl kaum aus diesem Universum ausgestiegen.

Darum ist uns die Geburt auch passiert. Wir waren nur dabei. Geleistet haben das andere. Und so sind wir ganz ohne gefragt zu werden auf die Welt gekommen und haben erst einmal alles zum Schreien gefunden.

Schon unsere Geburt ist der Beginn einer unaufhörlichen Abschiedstour, die man Lebenslauf nennt, weil es laufend etwas Neues zu begreifen gibt.

Und so durchschreiten wir alle Jahreszeiten unseres Lebens, entwickeln uns und wachsen, werden groß und stark und klein und schwach. Mal so, mal so. Wir gehen aus und ein, erreichen Ziele und verabschieden Erreichtes, säen und ernten Lebensfrüchte. Wir sind immer zeitweise unterwegs, zwischenzeitlich hier und dort, im Unterwegs zu Hause zwischen Aufbrechen und Abbrechen. Unser Leben ist keine Statue für die Denkmalpflege, sondern eine dynamische Erfindung, ein Werdegang, mitreißend und atemberaubend und unheimlich schön.

Darum haben Abschied und Loslassen einen viel zu schlechten Ruf. Denn sie markieren nicht todsicher unseren letzten Atemzug,

sondern sie sind der Lebenshauch unserer ganzen Existenz, die uns Gott schenkt als Expedition in die unendlichen Weiten seiner Liebe. Anfang und Ende sind seine Sache. Und dazwischen liegen wie ein Gedankenstrich die erschreckenden, überraschenden, verblüffenden, faszinierenden Augenblicke unserer Reise.

Wir sind gut beraten, wenn wir nicht immer nur mit dem Jetzt und Hier alle Hände voll zu tun haben, sondern immer wieder loslassen und abgeben, was uns bindet, um offen und frei zu sein, Neues anzupacken und das Leben von einer überraschend neuen Seite zu begreifen. Das ist ein lebenslängliches Trainingslager im Kraftraum der Schöpfung. Wir dürfen jeden Abschied und jedes Loslassen freundlich begrüßen und gespannt sein, was passiert, wenn wir niemals aufhören anzufangen. Je älter wir werden.

Neustart Ruhestand

Als ich zu Beginn meines Ruhestandes bei meinem Hausarzt war, da hat der schmunzelnd zu mir gesagt. „Jetzt werden Sie wohl wieder mal in die Pubertät kommen!"

Als er dann in mein sprachloses Gesicht sah, wie ich da wie angewurzelt vor ihm stand, da hat er erklärend nachgeschoben: „Na ja, es ist mal wieder an der Zeit zu fragen: ‚Wer bin ich? Was soll nur jetzt aus mir werden?'"

Und tatsächlich, ich mache das ja zum allerersten Mal. Ich weiß nicht, wie das geht: Ruhestand. Da bin ich (wieder einmal) ANFÄNGER. Die Psychologie hat schon lange herausgefunden, dass wir unser ganzes Leben lang an Kreuzungen stehen und uns immer wieder wie Anfänger fühlen. Alle paar Jahre ist es so weit. Und wir fragen uns, wohin die Reise jetzt gehen soll. Immer wieder stehen wir vor Veränderungen und bekommen es mit der Angst zu tun, weil wir nicht wissen, wie es hinter der nächsten Kurve weitergeht.

Erst begreifen, dann loslassen

Lange Zeit bin ich fest davon überzeugt gewesen, dass es unbedingt darauf ankommt, das Leben zunehmend in den Griff zu bekommen. Nach und nach zu begreifen, wie eine Aufgabe nach der anderen anzupacken und zu bewerkstelligen ist.

Das Ziel dabei immer im Blick zu haben, mit Geschick und Knowhow immer besser und professioneller den Problemstellungen der freien Wildbahn des Alltages gewachsen zu sein.

Inzwischen ahne ich, dass die womöglich noch größere Herausforderung darin besteht, das handhabbare und irgendwie bewältigte Stück Leben wieder loszulassen.

Und ich bin mir inzwischen nicht mehr sicher, welche der beiden Aufgaben schwerer ist.

Fest steht aber, dass ich so gesehen mein ganzes Leben lang alle Hände voll zu tun habe. Unentwegt bin ich beschäftigt mit dem Sortieren von neuen Gegebenheiten.

In jedem Alter, jeder Lebensstufe sind neue Fertigkeiten und Fähigkeiten nötig.

Und das kann nur gelingen, wenn ich immer wieder etwas abgebe von dem, was bis eben noch meine Hände und meine Aufmerksamkeit gebunden hat, um offen und bereit zu sein für das Neue. Denn: Nur wer loslässt, hat die Hände frei.

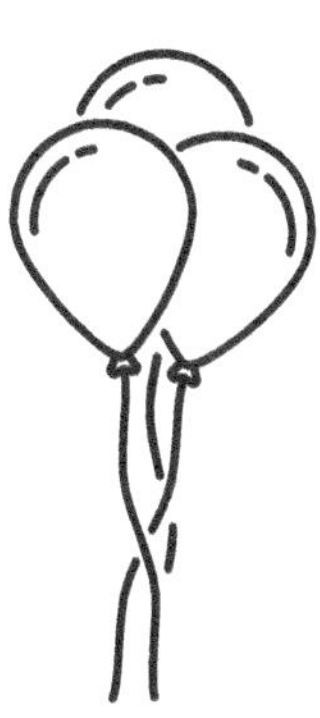

Abschied als LÖSUNG

Es stimmt einfach nicht, dass alles Reden vom Ende und vom Abschied nur negativ ist.

Es gibt durchaus Beendigungen, die geradezu herbeigesehnt und erwartet werden.

Und das nicht etwa, weil wir lebensmüde und resigniert wären, sondern ganz im Gegenteil, weil es uns drängt, endlich frei und unbeschwert zu sein.

Denken wir nur an das Ende des Unterrichts, ja sogar der ganzen Schulausbildung.

Denken wir an das Ende einer schlaflosen Nacht oder eines langen Wartens.

Dass endlich Geduldsproben enden. Wie gut!

Denken wir an das Ende von Zahnschmerzen, Liebeskummer, Stau und Umleitungen.

Was für ein Durchbruch ins Leben, wenn wir endlich volljährig mit Führerschein und eigener Adresse unterwegs sind.

Ganz lapidar ist auch ein Ende einer endlosen Rede, einer ewig langen Predigt, eines ungemütlichen Besuches allemal erlösend gut. Wenn jemand nach 45 Minuten Monolog tatsächlich den verheißungsvollen Satz sagt, er oder sie wolle nun doch zum Ende kommen.

Ein ganz einfaches Beispiel ist auch das wunderbar in Aussicht stehende Wochenende.

Kein Mensch käme auf die Idee, diesen Begriff als Hinweis auf das tragische Aus der Lebensfreude zu beklagen. Im Gegenteil. „Wochenend und Sonnenschein …“ sind absolut positive Aussichten auf Lebenslust und Laune.

Jeder Film, jedes Buch, jedes Konzert, jedes Spiel strebt seinem fulminanten Ende entgegen. Und wenn es gar ein Happy End ist, dann sagen alle: „Ende gut, alles gut!“

Etwas muss einfach irgendwann enden, damit etwas anderes gut anfangen kann.

Demnach ist unsere Rede von Abschied und Ende keineswegs nur fokussiert auf Lebensende, Tod und Sterben, sondern das faszinierende Phänomen des immerfort nach vorne ausgerichteten Lebensweges mitsamt seinen unaufhörlichen Veränderungen und Neuigkeiten. Wir dürfen unser Endlichsein mit aufmerksamer Wertschätzung begrüßen und erlernen und üben, damit wir es am „Ende des Tages" ganz gut können.

Mein vorläufiges Fazit:
Leben ist endlich. Darum sollten wir endlich damit beginnen!

Leben ist abschiedlich. Darum sollten wir es jeden Tag neu begrüßen.

Leben heißt loslassen. Darum sollten wir unaufhörlich anfangen es zu begreifen.

Nur wer loslässt, hat die Hände frei für das Neue.

Dazu braucht es jede Menge Ermutigung.

Genau das will Ihnen dieses Buch mit auf den Weg geben.

Von unterwegs grüßt

Ihr Ludwig Burgdörfer

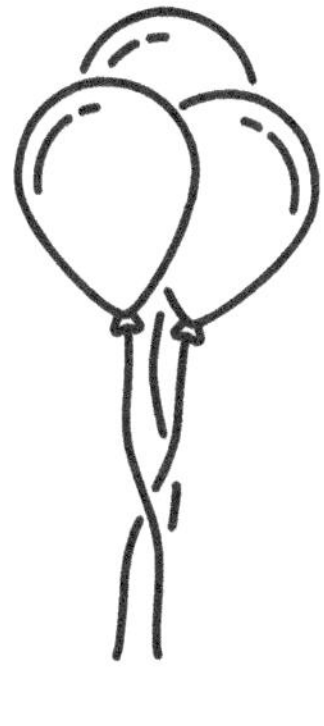

1. Abschied vom Chaos

Räumen Sie gerne auf? Machen Sie gerne Ordnung?

Nicht nur die Kinderzimmer sind da eine Herausforderung. Wir haben immer wieder allerhand „Baustellen“ im Alltag unseres Lebens, an denen es drunter und drüber geht. Unaufgeräumte Zustände sind überall. Und sie machen es schwer, konzentriert und ruhig zu sein.

Ob auf dem Schreibtisch oder in der Werkstatt, im Keller oder auf dem Dachboden, das Chaos ist ein Problem. Überall, wo die Verhältnisse einigermaßen verworren und undurchsichtig sind, wo man sich verausgabt und verrannt hat, es jede Menge Schutt und Scherben gibt, vergebliche Mühe und gescheiterte Versuche, da kann nichts und niemand mehr einen guten Anfang kriegen und die Sache in den Griff bekommen.

Lebensentwürfe, Lebensträume und angestrebte Verbesserungen gelingen erst dann, wenn man „reinen Tisch“ macht, die Unordnung sortiert und Platz schafft, Manövrierraum entstehen lässt, Abstand bekommt und genügend Übersicht. Dann erst wird aus Chaos wieder Kosmos, aus Leere wieder Fülle, aus Katastrophe wieder ein Konzept.

Der Abschied vom Chaos ist der Anfang der Schöpfung. Gott sei Dank!

Wenn die Bibel ganz am Anfang davon erzählt, wie alles angefangen hat, als es losgegangen ist mit der ganzen Schöpfungsgeschichte, dann sagt sie uns gleich im allerersten Satz ganz ungeschminkt, dass es erst einmal chaotisch war im All. Es heißt da:

„Am Anfang schuf Gott Himmel und Erde und die Erde war wüst und leer.“

Das hebräische Wort, das für diese Zustandsbeschreibung verwendet wird, heißt: „Tohuwabohu“!

Das ist die Ausgangslage, ehe Gott seine schöpferische Kraft walten lässt. Da weiß man nicht, wo oben und wo unten ist. Es ist ziemlich finster und kein Land in Sicht. So gehts los. Mit Himmel und Erde. Wüst und leer, kreuz und quer.

Es kann nur etwas Konstruktives erschaffen werden, wenn das Chaos verabschiedet wird. Und das macht Gott, indem er erst einmal das Licht anknipst – „Es werde Licht!“ –, und dann gibt es ein Morgen und ein Erwachen und es gibt einen Abend, ein Ende der Anstrengungen. Erst, wenn das TOHUWABOHU überwunden und verabschiedet ist, kann das Leben in Hülle und Fülle begrüßt werden und alles findet seinen Platz.

Das Chaos ist also nicht zwangsläufig der Weltuntergang, sondern hat das Potenzial zur grandiosen Kreativität und Buntheit gelingenden Lebens. Es muss einem nur irgendwo ein Licht aufgehen und schon bekommt die Sache eine Wendung zum schöpferischen Neuanfang.

Frage ich mich also:

In welchen Räumen meines Lebenshauses herrscht ein vielversprechendes TOHUWABOHU?

Wo könnte es sich lohnen, mit dem Aufräumen anzufangen?

Wie könnte ich diese göttliche Idee, das Chaos zu verabschieden, ausprobieren?

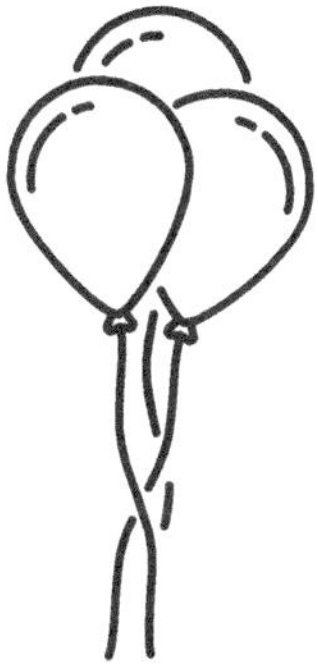

2. Abschied vom Ballast

Bei jedem Umzug kann man Ballast abwerfen. Es fühlt sich zwar an, wie die Vorstufe zum Jüngsten Gericht, aber es lohnt sich tatsächlich, diesen Beinahe-Weltuntergang zu nutzen und bei allem, was uns in die Hände fällt, die Frage zu stellen, ob wir weiterhin zusammenbleiben wollen oder uns endlich verabschieden. Das „Reisegepäck" unseres Lebens wächst uns sonst über den Kopf.

Und wenn wir nicht gerade umziehen, dann kann auch eine Aufräumaktion nicht schaden.

Ich habe im letzten Jahr kurz vor Weihnachten die Kinder gefragt, was sie sich von uns wünschen. Das war leichtsinnig und sehr gewagt.

„Papa!", sagten sie, „dann wünschen wir uns, dass du unseren Keller aufräumst!"

Nein, ich hatte einfach nicht mit einem solchen Wunsch gerechnet. Wer denkt denn an so was? Guten Pfälzer Wein hätte ich gedacht, oder was zum Lesen. Vielleicht Unterstützung für das neue Auto, meinetwegen. Aber doch nicht damit. Wie so ein Keller aussehen kann, das ist nicht zu beschreiben, das muss man gesehen haben.

„Chaos" ist als Begriff viel zu abstrakt, um diese komplette Ausweglosigkeit zu erfassen.

Also sind wir hinabgestiegen, haben sortiert, rausgetragen, in den Anhänger gepackt und weggebracht. Als wir mit der ersten Fuhre zum städtischen Wertstoffhof kamen, stand da eine Autoschlange, so weit man schauen konnte.

Jetzt erst wurde mir klar, wie viele Opas und Omas und Schwiegereltern aus Versehen vor Weihnachten die Wünsche der Kinder abgefragt haben mussten.

Die Keller der ganzen Stadt wurden demnach gerade systematisch archäologisch erforscht.

Es hat lange gedauert, bis wir an der Reihe waren. Und dann ging es erst richtig los, denn alles musste ja getrennt in verschiedene Container gebracht werden.

Noch dreimal sind wir an dem Tag gefahren. Und dann ab nach Hause. Die Arme so lang wie die Beine, aber glücklich und zufrieden. So eine Räumaktion ist so ziemlich das Beste, was man nach Weihnachten mit der Familie machen kann. Das ist mit Abstand die beste Bescherung gewesen, die wir je zusammen erlebt haben.

Ich frage mich:
Ist die Entsorgung der Altlasten im „Keller meines Lebenshauses" nicht längst überfällig?

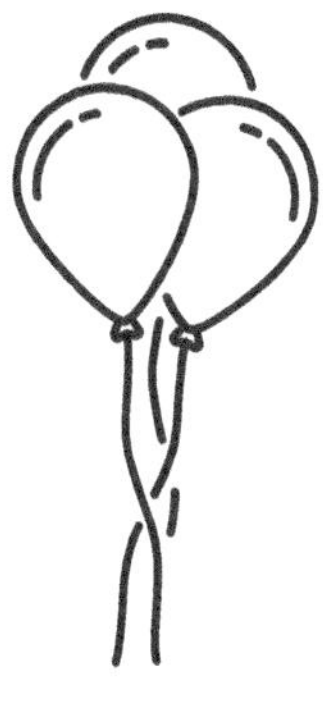

3. Abschied am Morgen

Wenn der Morgen alle Leute auf ihre Wege schickt, geht es in den Häusern mitunter so drunter und drüber wie auf einem Bahnhof. Die Aufbruchstimmung lässt keine großen Sentimentalitäten zu. Routiniert sorgen alle dafür, dass sie sich rechtzeitig auf den Weg machen. Und die, die zu Hause bleiben, sind auch gut beschäftigt mit dem Aushändigen von Pausenbrot und Zipfelmütze.

Das Auseinandergehen zu Beginn des Tages ist so selbstverständlich, dass gar keine Zeit bleibt für Wehmut und Reisefieber. Das Programm läuft ab wie an jedem Morgen und alle gehen davon aus, dass man sich ja auch wiedersieht und alles halb so schlimm ist. Der Abschied im Frühtau ist unspektakulär und selbstverständlicher Teil des Alltags.

Berührt hat mich eine Bildergeschichte, die genau diesen Abschied am Morgen thematisiert.

Sie ist zwar, was die Rollenverteilung anbelangt, einigermaßen altmodisch und aus der Vergangenheit aber ansonsten wunderbar.

Auf dem ersten Bild sieht man einen Mann mit Aktentasche und Hut aus der Haustür gehen.

Oben am Fenster winkt eine Frau. Das zweite Bild zeigt die Bushaltestelle. Schnellen Schrittes eilt der Mann darauf zu. Im nächsten Bild sieht man, was ihm durch den Kopf geht. Ihm fällt nämlich ein, dass er den Abschiedskuss vergessen hat. Das macht ihn so traurig und nachdenklich, dass man ihn auf dem nächsten Bild wieder nach Hause zurücklaufen sieht. Vor der Haustür angekommen, klingelt er seine Frau herunter und gibt ihr den zuvor versäumten Kuss. Danach sieht man ihn im Dauerlauf zurück zur Bushaltestelle rennen, wo er dem gerade wegfahrenden Bus nur noch hinterherwinken kann. Und obwohl er nun definitiv zu spät kommt, wo auch immer sein Arbeitsplatz ihn vermissen wird, es ist egal. Er ist glücklich und pfeift auf den Bus und sich selbst ein Lied in den Morgen.

Abschied am Morgen sollte für uns immer bewusst und herzlich sein. Und da ist jeder nicht gegebene Kuss einer zu viel bzw. einer zu wenig.

Ich denke mir:
Jeder Aufbruch am Morgen ist verheißungsvoll und eilig. Niemand denkt daran, dass es der letzte sein könnte. Es ist gut, wenn wir uns deshalb bewusst und liebevoll voneinander verabschieden.

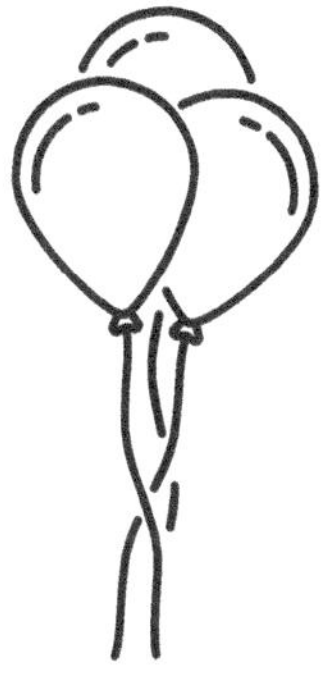

4. Abschied am Abend

Wer schon einmal das Glück hatte, Kinder am Abend ins Bett zu bringen, weiß, was da alles beachtet werden muss. Da habe ich als Vater lange geübt, bis mir das einigermaßen gelungen ist. Und bei den Enkeln heute ist es nicht weniger gewagt. Denn es muss alles immer gleich ablaufen. Eine falsche Bewegung, Betonung, Verwechslung und du kannst wieder von vorne anfangen.

Hastig geht da gar nichts. Wenn die Kinder erst merken, dass man in Eile und eigentlich schon mit den Gedanken woanders ist, dann verstehen sie es, das Zeremoniell so hinauszuzögern, dass sich alle nachfolgenden Sendungen um mindestens 30 Minuten verschieben.

Wichtig ist, dass genug Zeit bleibt über das Erlebte am Tag zu sprechen. Zu sammeln, was gut war, zu bedenken, was schwergefallen ist.

Im Grunde ist die Art und Weise, wie Kinder den Tag verabschieden und sich in die Nacht hineintasten, mustergültig auch für die Erwachsenen. Der Abschied am Abend ist wichtig, braucht Zeit, beansprucht stille Aufmerksamkeit und Platz für den Dank, die Bitte um Verzeihung und das Loslassen aller Gedanken und Sorgen.

Ein Freund hat mir vor Kurzem ein Glückstagebuch geschenkt. Das ist ein ganz einfaches Schulheft mit Linien, leer natürlich, gar nicht so dick, nur 16 Blatt. Er hat gemeint, ich soll da in Zukunft jeden Abend aufschreiben, was mir geglückt ist.

Der Kerl ist Psychologe, da muss man vorsichtig sein. Aber beeindruckt hat er mich doch mit seinem Geschenk. Zwei Sachen habe ich jetzt schon eingetragen. Einmal habe ich mich spontan mit Eberhard auf eine Tasse Kaffee getroffen, obwohl ich eigentlich gar keine Zeit hatte.

Und das Zweite war ein Mitarbeitergespräch, in dem ich meine eigene gute Idee verworfen habe und seine noch bessere übernommen – zum Glück!

Bisher habe ich am Abend eher an das gedacht, was nicht gut gelaufen ist. Aber die guten Sachen, die habe ich recht selbstverständlich abgehakt und weniger gewichtet. Und damit bin ich bestimmt nicht allein. Wir Menschen waren wohl schon immer chronisch vergesslich, wenn es um das Gute ging. Die Bibel sagt deshalb warnend, wir sollten doch bitte nicht immerzu vergessen, was Gott uns schon wieder und wieder Gutes getan hat. Dann fällt am Abend auch die Bilanz viel günstiger aus.

Seit ich jetzt ein Glückstagebuch habe, fällt mir auch tatsächlich abends immer wieder etwas ein, was beglückend gut gelaufen ist am Tag.

Ein gutes Geschenk von meinem Freund – das Glückstagebuch. Wenn die 16 Seiten voll sind, lade ich ihn auf ein Glas Wein ein.

Dann stoßen wir an auf das Leben.

Ich frage mich:
Ob ich nicht das Sammeln von Glücksmomenten zu einem echten Hobby machen sollte.

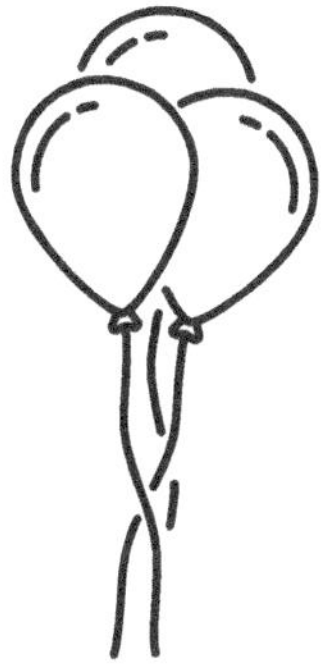

5. Abschied im Vorübergehen

Es gibt nicht nur den Abschiedsschmerz als wehmütige Grenzerfahrung, sondern es gibt tatsächlich auch den schmerzfreien Abschied im Vorübergehen. Den Abschied to go.

Der findet jeden Tag in kurzen Augenblicken statt, wenn wir uns treffen unterwegs und es gerade mal reicht für ein kurzes „Hallo!". Alte Freunde, ehemalige Nachbarn, Kollegen, Bekannte und solche, die wir glauben zu kennen, aber deren Name uns einfach nicht einfällt.

Das sind die Sekundenabschiede, die gar nicht weh tun und einfach so passieren.

Sie sind ein hervorragendes Training für das leichte Stopp-and-Go des Alltags.

Trotzdem dürfen wir diese Momente nicht gering achten. Denn sie können eine Menge bedeuten und abbilden. Sie sind die Kostproben der Achtsamkeit im Umgang miteinander.

In der afrikanischen Landessprache Zulu gibt es eine Formel der Begrüßung, die zu diesen By-the-Way-Begegnungen gut passt. Die Menschen sagen da, wenn sie sich treffen: „SAWUBONA!"

Das heißt übersetzt nicht nur „Hallo! Guten Tag!", sondern:

„Ich sehe dich!" Und die Antwort des Gegenübers dazu heißt: „JEWO SAWUBONA!" Ich sehe dich auch!

Da schau her! Darauf kommt es also an, wenn wir uns treffen, dass wir ein Auge auf uns werfen, nacheinander sehen, uns ansehen, Ansehen genießen, uns wahrgenommen fühlen.

„Man sieht sich!", sagen wir ja auch zum Abschied. „Auf Wiedersehen!"

Ich frage mich:

Sind nicht diese zufälligen kurzen Begegnungen eine reizvolle Übung für das respektvolle Miteinander?

Wer wird mir wohl heute über den Weg laufen, bei dem ich diesen Augenblick genießen kann?

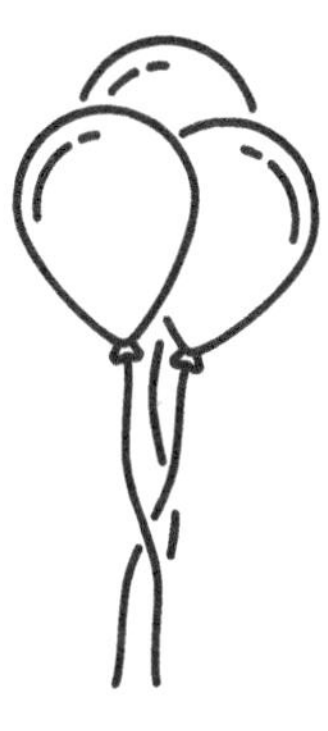

6. Abschied von der Allmacht

„Ich muss alles alleine machen! An mir hängt einfach alles!"

Es gibt Leute, die klagen sich so durch die Welt. Aber wehe, es kommt jemand um die Ecke und will was abnehmen, will entlasten, mithelfen, unterstützen. Dann kann man ganz schnell erleben, wie hart und verstockt die Leute jede Hilfe ablehnen.

Der Verdacht liegt nahe, dass solche Menschen das Dilemma lieben, über das sie sich beschweren. „Mir gehts gut, ich kann klagen!", ist ihr Motto. Aber weil es ihnen niemand recht machen kann, verweigern sie trotzig jedwede Hilfe. Es ist auf Dauer schwer, ja unerträglich, mit solchen Menschen zusammenzuleben und zu arbeiten.

Das Problem ist so alt wie die Menschheit. Darum ist es auch kein Wunder, dass die Bibel schon davon zu berichten weiß. Im Alten Testament wird ja ausführlich von der Befreiung des versklavten Volkes Israel aus der Tyrannei des Pharaos berichtet. Und da spielt ein Mann eine ganz entscheidende Rolle. Er heißt MOSE und ist die zentrale Figur des Exodus, der atemberaubenden Flucht in die Freiheit durch Wasserwellen und Wüstensand.

Es ist ziemlich viel Heldenhaftes an diesem Mose. Er ist die schillernde Gestalt, führt das Volk, spricht mit Gott, holt die 10 Gebote vom Berg und moderiert so manche Krise unterwegs auf dem langen Weg ins Gelobte Land. Aber es ist nicht alles perfekt und durchaus menschlich, was von diesem Modellathleten eines Handlangers Gottes berichtet wird.

Wie gut, wie hilfreich sind gerade die Geschichten, die auch die Schwächen und weniger erfolgreichen Seiten zeigen.

Dazu gehört die wunderbare Geschichte vom Abschied des Mose von der Allmachtsfantasie.

Es wird berichtet, wie Mose unterwegs jeden Tag für alles Mögliche und Unmögliche zuständig ist. Er moderiert und organisiert einfach alles. Und er ist auch die höchste Instanz für Streit und Auseinandersetzung, für alle rechtlichen Fragen und Konflikte. Und so kommt es zwangsläufig dazu, dass die Leute jeden Tag Schlange stehen und warten, bis sie bei Mose in die Sprechstunde kommen. Es ist frustrierend für alle und ruinös für Mose allemal. Eines Tages bekommt Mose Besuch von seinem Schwiegervater Jitro. Verwandtschaft kann ja ziemlich lästig sein. Manchmal ist sie aber auch außerordentlich effektiv im Beobachten und Ansprechen der selbst geschaffenen Probleme.

Jitro jedenfalls schaut sich einen Tag lang an, was sein Schwiegersohn mit Hingabe und Leidenschaft macht. Er beobachtet kritisch die Lage. Am Abend stellt er Mose zur Rede.

Er fragt nach dem Sinn und dem Konzept für dessen organisiertes Nadelöhr-Management. „Was machst du da?“, fragt er. Merkst du nicht, wie aussichtslos und ineffektiv deine Rolle als Einzelkämpfer ist?

Du bist einer, der alles macht und damit niemandem gerecht wird.

Du musst delegieren, abgeben, Aufgaben und Kompetenzen verteilen.

Du brauchst verlässliche, gute Mitarbeiter.

Kümmere dich doch um die ganz speziellen Fälle, mach das, was niemand sonst machen kann. Aber überlass das meiste anderen, die das gut können und dabei immer besser werden, je mehr du ihnen zutraust.

Das ist die erste Unternehmensberatung, die schon lange vor Mc Kinsey und anderen klugen Coaching-Anbietern erkannt hat, dass das Geheiminis von Organisieren das Delegieren und Identifizieren ist. Niemand kann alles. Jeder kann etwas. Zusammen ist eine Menge möglich.

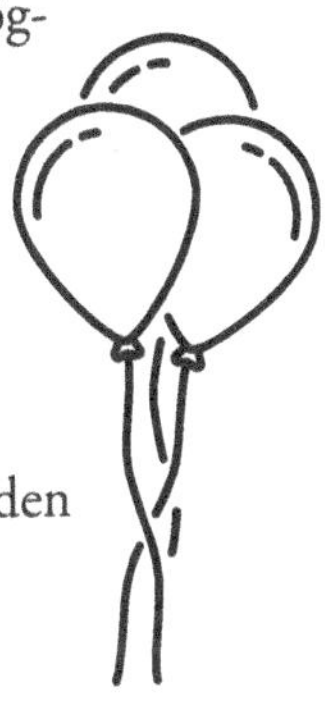

Darum frage ich mich:
An welchen Stellen meines täglichen Survivaltrainings stehe ich mir selbst im Weg?

Wo gibt es Menschen, die nur darauf warten, dass ich ihnen den

Platz und die Gelegenheit gebe, mir zu helfen, mich zu entlasten, mir das zu geben, was mir womöglich an Talent fehlt?

Wann höre ich auf, alles selbst zu machen?

7. Abschied vom Solotrip

Es mag wohl meine allererste Trauung gewesen sein. Ich war mit allerhand Lampenfieber und Unsicherheit zum Traugespräch in die Wohnung des Paares gekommen. Im Wohnzimmer lag eine alte Bibel aufgeschlagen auf dem Tisch, als ich den mir zugewiesenen Platz einnahm. Nach kurzem Smalltalk kam der Bräutigam schnell zum Thema und erkundigte sich nach dem üblichen Ablauf in der Kirche. „Das ist meine erste Hochzeit!“, sagte er. Und ich dachte „Meine auch!“

Erst jetzt fiel mir auf, dass wir ja nur zu zweit dasaßen. „Meine Frau richtet noch schnell einen kleinen Imbiss in der Küche!“, sagte er auf mein Nachfragen.

Sie brachte uns belegte Brote und nahm dann Platz neben ihrem Zukünftigen.

Als wir schließlich beim schrittweisen Bedenken der Liturgie einer kirchlichen Trauung zu dem Punkt Trauansprache kamen, fragte ich nach einem eventuell gewünschten Trauspruch. Da strahlte das Gesicht des Mannes augenblicklich heller, er nahm die aufgeschlagene Bibel zur Hand und sagte: „Da hab ich was gefunden. Das passt genau zu uns!“

Und er begann aus dem Schöpfungsbericht der Bibel nach der alten Lutherübersetzung wie folgt zu zitieren:

„Es ist nicht gut, dass der Mann allein sei, ich will ihm eine Gehilfin schaffen, die um ihn sei!“

„Und genauso ist es bei uns!“, sagte er sichtlich zufrieden zu sich selbst, als er die schwere Bibel wieder vor sich ablegte.

Ich weiß nicht mehr viel über den weiteren Verlauf unseres Gespräches an diesem Abend. Nur eines weiß ich noch genau: Ich war entschlossen, zu Hause sofort in der hebräischen Bibel nachzuschauen, was da wirklich steht. Im Original. Luthers Übersetzung ist ja schließlich ein wunderbares Zeitzeugnis seines Rollendenkens. Und ich

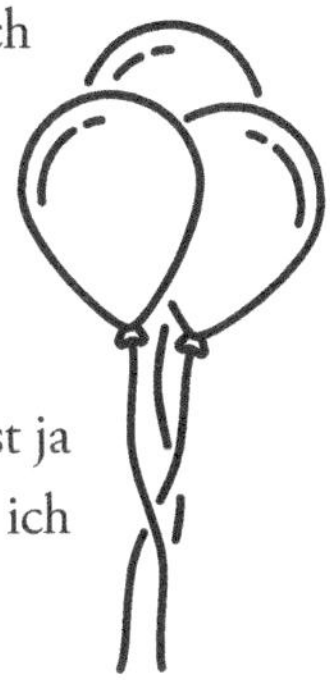

ahnte schon, dass seine Version auch schon gleich seine Interpretation abgebildet hat. Wobei er bei seiner Übersetzung sicherlich nicht bei seiner Herrin Käthe nachgefragt hat.

Zum ersten Mal erkannte ich einen Sinn in dem mühsamen Erlernen der alten Sprachen. Wenn auch nur für einen Moment. Denn ich entdeckte mit heller Freude, dass es natürlich genau übersetzt heißen muss:

„Es ist nicht gut, dass der Mensch alleine bleibt. Ich will ihm ein Gegenüber schaffen, das ihn ergänzt!"

Ein Einzelkämpfer ist nicht ganz ganz. Kein Mensch ist ohne eine Ergänzung gänzlich ein ganzer Kerl oder eine ganze Frau. Das Menschenexperiment ist von Anfang an auf Ergänzung angelegt.

Als Gott nach wunderbarem Beginn seiner Schöpfung auf die atemberaubende Idee kam, Menschen zu erschaffen, da hat er von Anfang an die „NIMM ZWEI"-Lösung im Blick. Sein Mensch steht nicht als Solist im Mittelpunkt, sondern im Doppelpunkt. Das bedeutet: Er ist nicht einfach. Er ist zweifach.

Ich habe dann bei der Trauung den Trauspruch nach meiner Übersetzung vorgelesen und ausgelegt. Und ich weiß bis heute nicht genau, warum ich zum anschließenden Kaffeetrinken nicht eingeladen war. Dabei hatte ich doch nur kraft meines Amtes die göttliche Schöpfungsordnung verkündigt, die besagt:

Vergesst den Solotrip. Verabschiedet euch von der gefährlichen Annahme, es sei verheißungsvoll, alles alleine mit sich selbst auszumachen. Alles ist besser zu zweit. Adam braucht Eva und umgekehrt. Ein Mensch braucht einen anderen – mindestens – damit sie sich gegenseitig begleiten und da füreinander einspringen, wo es der oder die jeweils andere nötig hat. Niemand soll nur für sich selber sorgen.

Wir sollen einander aufmerksam wahrnehmen im Miteinander, Beieinander und Füreinander. Das Leben ist nicht einerlei, sondern am besten zweierlei, allerlei, vielerlei.

Bei allen alltäglichen Herausforderungen ist das so.

Ich frage mich:
Hat nicht auch Jesus damals seine Leute immer zu zweit losgeschickt?

Wie oft und wie intensiv habe ich von Gottes Idee des „Zweierlei“ profitiert?

Und wer bringt wohl im Haushalt meines ersten Brautpaares heute die belegten Brote aus der Küche?

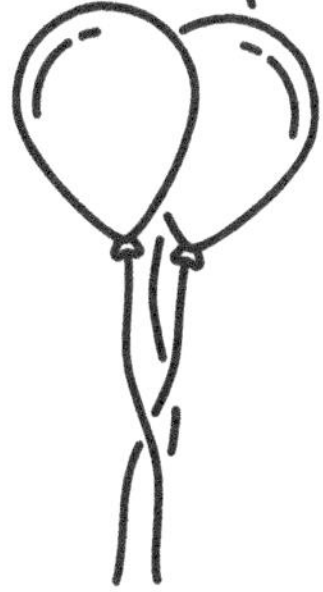

8. Abschied von zu viel Nähe

„Da bin ich ganz bei Ihnen!", sagt eine Politikerin während eines Talks mit Parteigenossen und anderen Gegnern. Da halten wir beim Zuschauen den Atem an und fragen uns, ob das wohl gut gehen kann – mit so viel Nähe.

Beieinander sein, sich annähern, das gilt zwar gemeinhin als Qualitätsmerkmal eines ansonsten krisengeschüttelten Miteinanders. Aber es ist auch ehrlich gefährlich. Wenn Menschen aufeinandertreffen, dann gilt die höchste Alarmstufe der Konfrontation.

Schließlich soll der Begriff „Lebensgefahr" von Lebensgefährte abgeleitet sein …

Zwischen Duett und Duell ist wenig Spielraum. Sich nahezukommen und es beieinander auszuhalten, das ist eine der Herausforderungen menschlicher Beziehungsarbeit auf allen Ebenen. Das sensible Regulieren von Abstand und Nähe ist darum ein heikles Unterfangen und passiert selten unfallfrei.

„Sie fahren mit Abstand am besten!", plakatiert man uns längs der Autobahn. Abstand und Anstand haben demnach viel miteinander zu tun.

In gängigen Anleitungen zum richtigen Benehmen wird meistens ein Meter Mindestabstand zwischen sich annähernden Personen empfohlen. „Distanzzone" genannt. „Komm mir nicht zu nahe!", heißt die Vorsichtsmaßnahme, wenn sich Menschen begegnen und womöglich sogar auf Dauer miteinander unterwegs sein wollen.

Die Bibel hat da ein ziemlich entspanntes Lösungsmodell anzubieten, das zur Nachahmung durchaus zu empfehlen ist. Nachzulesen in der Geschichte von Abraham und Lot im Alten Testament. Die beiden stehen sich nicht nur sehr nahe, sie sind sogar miteinander verwandt, was bekanntlich ein erhöhtes Konfliktpotenzial bedeutet.

Onkel und Neffe sind Viehhirten, leben und arbeiten eng zusammen.

Und es erweist sich wieder einmal, dass nur, wer sich wirklich nahesteht, sich auch heftig auf die Füße treten kann. Die beiden tun das mit Hingabe. Darum wird es schon bald zu eng, weil zu viel Vieh zu viel Mist macht, zu viel Gras frisst und ganz viel Wasser braucht.

Von beidem gibt es bald zu wenig. Es kommt zu Zank und Streit zwischen den Lagern und endlich zu der Erkenntnis, dass so viel Nähe für das Land einfach unerträglich ist.

Da ergreift der ältere von beiden die Initiative, ruft den anderen zu sich und sagt:

„Gehst du zur Rechten, geh ich zur Linken!"

Und da verabschieden sich die beiden schiedlich friedlich von der verhängnisvollen Nähe zueinander und gehen fortan getrennte Wege, bis wieder Gras über die Sache gewachsen ist. Und sie tun das nicht, um zu verlieren, sondern um zu gewinnen. Sie gewinnen nämlich den nötigen Abstand, um sich von da aus wieder mit Anstand aneinander anzunähern.

Sie weichen einander aus, um sich nicht ganz zu verlieren, sondern um ihre Beziehung neu auszuloten. Das ist bei Weitem das Beste, was sich Menschen antun können, wenn sie in erträglicher Weise ganz beieinander sein und bleiben wollen.

Da frage ich mich:

Wie viel Leid und Verletzung hätte ich mir im Miteinander mit Menschen schon ersparen können, wenn ich früher Abstand genommen hätte?

Kann es sein, dass man sich manchmal trennen muss, um sich nicht zu verlieren?

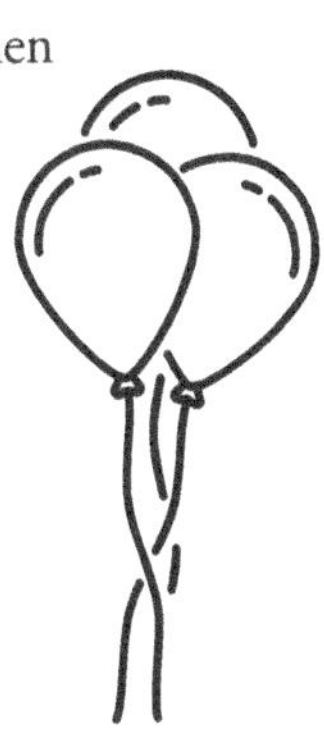

9. Abschied vom Aber-Glauben

Der Mensch kann nicht nichts glauben. Wir sind einfach zu talentiert zum Glauben.

Wir wollen es und wir tun es. Wir sind chronisch gläubig. Auch wenn jemand widerspricht und sagt: „Ich bin Atheist! Gott sei Dank!“ Wir würden am Morgen nicht aufstehen und am Abend keine Ruhe finden, wenn wir nicht glauben würden, dass es gut geht, dass uns etwas gelingt, dass es wieder ein Morgen gibt.

Glauben ist wie Atmen. Jedes Seufzen, jedes Ringen um Luft, jeder Lebenshauch ist unglaublich glaubensstark. Ohne diese Energie wären wir wie gelähmt. Denn wer den Atem anhält, erstickt. Der Glaube ist uns also ganz und gar eigen. Wir haben ihn. Er hat uns. Wir sind eine unzertrennliche Über-Lebensgemeinschaft.

Unter den unzähligen Varianten des Gläubigseins gibt es einen Favoriten. Der wird besonders gerne genommen. Seine Attraktivität ist konkurrenzlos groß.

Er hat Charme und Stolz. Ihm ist eine trotzköpfige Widerspruchskompetenz eigen.

Mit ihm kann man auffallen und sich profilieren. Er lässt Platz für die Entfaltung der eigenen Persönlichkeit. Und den bietet Glaube nicht immer und überall.

Der aber schon. Darum heißt er auch ABERGLAUBE.

Gemeint ist damit jetzt ausnahmsweise mal nicht der Glaube an Horoskope, Pendel oder Karten. Ich meine auch nicht die berühmte schwarze Katze oder das mit dem Klopfen auf Holz. Ich meine den Glauben an das ABER.

Der lebt davon, dass er auf das Glück und den Erfolg und den grünen Rasen der Nachbarn schielt, um dann resigniert und frustriert solche Sätze abzusondern wie:

ABER bei mir funktioniert das nicht!

ABER bei uns geht alles schief!

ABER ich krieg nie was geschenkt!

ABER gewinnen tun immer nur die anderen!

Das ist der weitverbreitete Aber-Glaube, der Glaube an das große schicksalsträchtige ABER!

Zu sehen und zu wissen: Es gibt schon einen Ausweg, einen Umweg, einen Lebensweg, es gibt auch da und dort Hilfe, Unterstützung, Sympathie und Liebeserklärungen – ABER halt nicht für mich.

In der Bibel gibt es diesen Glauben an das große ABER auch.

Zum Beispiel bei SARA.

Sara war Abrahams Frau. Sie war schon alt und hatte keine Kinder. Und deshalb auch keine Zukunft.

Da ist Gott zu Besuch gekommen und hat gesagt:

„In einem Jahr komme ich wieder, dann wirst du einen Sohn haben!"

Und Sara hat das von Weitem gehört und es bei Weitem für unmöglich gehalten.

Lächerlich ist ihr das vorgekommen. Und ihr Aberglaube war sofort eifrig dabei, zu widersprechen:

„Aber ich bin doch schon alt. Und der Abraham übrigens auch! Das kann nicht gehen.

Dafür ist es längst zu spät …!"

ABER GOTT ist meisterlich im Umgang mit seinen Gläubigen. Schon immer. Am meisten ist er womöglich in die mit dem besonderen Talent zum Aberglauben verliebt. In ihrer Begabung sieht er besonders viel Potenzial. Allemal!

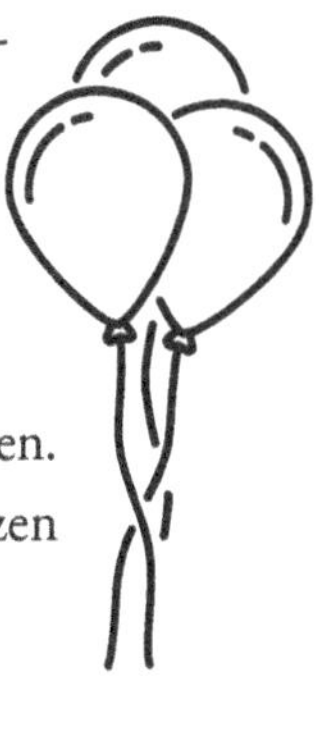

Es ist ihm offenbar eine besondere Freude, diesem ABER etwas Unfassbares entgegenzusetzen. Und so ist dann Isaak (heißt: mein Lachen!) auf die Welt gekommen und eine neue Geschichte hat angefangen.

Mag sein, dass manche von uns ihre Lebenslage oder die der ganzen Welt für absolut aussichtslos halten.

Mag sein, dass sie kein hoffnungsvolles Wachsen und Werden für die Zukunft für möglich halten.

Mag sein, dass sie so denken wie Sara und es geradezu lachhaft finden, dass Gott daran etwas ändern kann.

Wer weiß …

Vielleicht schon in einem Jahr oder früher, wird womöglich ausgerechnet etwas auf die Welt kommen, womit niemand gerechnet hat.

Gott ABER schon!

Ich frage mich:
Wie oft habe ich wohl schon mit meinem eigenwilligen Aber-Glauben dem Leben im Weg gestanden?

10. Abschied von der Bitterkeit

Sie haben sich schon im Mutterleib gekabbelt. Die Zwillinge Jakob und Esau. Die Bibel erzählt, dass sie sich schon bei der Geburt auf den Fersen waren und Jakob den erstgeborenen Esau daran festhielt, weil er unbedingt als Erster auf die Welt kommen wollte. Aber Esau hat sich durchgesetzt. Der Zweikampf ging dann trotzdem immer weiter. Weil die beiden wohl auch so grundverschieden gewesen sind:

Esau, ein struppiger Jäger und herumstreunender Sammler.

Jakob, der sesshafte Hirtenjunge und Mamas Liebling.

Zwei Welten, zwei Menschen – wie das so ist.

Kurz vor dem Tod des Vaters Isaak passiert dann der Skandal. Jakob gibt sich mit Mamas Hilfe dem inzwischen blind gewordenen Vater gegenüber als der erstgeborene Sohn aus und bekommt den väterlichen Segen, der eigentlich seinem Bruder zusteht.

Aber auf Lug und Betrug ruht eben nun mal kein Segen. Im Gegenteil! Streit und Neid und Herzeleid sind die bitteren Folgen. Zorn und Rache und Flucht obendrein.

Esau schwört auf Rache und Jakob rennt um sein Leben davon.

Und es vergehen mühselige Jahre, bis Jakob sich wieder nach Hause traut. Auf seinem weiten Weg zurück schickt er vorsichtshalber jede Menge Gastgeschenke voraus, die seinen betrogenen Bruder wohl besänftigen und gnädig stimmen sollen. So groß ist sein schlechtes Gewissen. Es sind jede Menge Ziegen und Schafe, Kamele, Kühe und Esel, von denen er selbst wohl der größte ist. Und das weiß er auch. Jakob hat große Angst vor dem Wiedersehen.

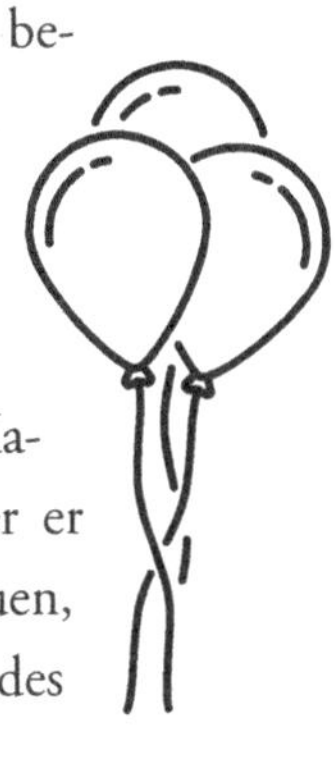

Esau kommt ihm tatsächlich entgegen mit einer imposanten Karawane demonstrativen Wohlstands und gewaltiger Macht. Aber er bringt auch seine ganze Großfamilie mit, seine Kinder, seine Frauen, das ganze Aufgebot. Er zeigt sich und dem Bruder damit, dass trotz des

Betrugs um den väterlichen Segen auch auf sein Leben viel Frucht und Gedeihen gefallen ist.

Darum kann er sich verabschieden von seiner Verbitterung. Der Bann aller Vorwürfe und Kränkungen ist gebrochen. Die beiden treffen sich und sind betroffen von der ganzen Wucht von Schuld und Vergebung. Schließlich weinen sie beide bittere Tränen, wohlwissend, dass Versöhnung ebenso herzzerreißend und gewaltig ist.

Eine gescheiterte Beziehung zurückzugewinnen, was wir einander schuldig geblieben sind zu verzeihen und sich davon befreit, füreinander neu zu öffnen, das ist wahrscheinlich das Größte, was wir uns überhaupt gegenseitig antun können.

Da frage ich mich:

Wie viele Umwege und Auswege habe ich schon hinter mir, ehe ich eine innere Bereitschaft spüre, auf das Unversöhnte meines Lebens zuzugehen und es mit Würde und Entschlossenheit zu verabschieden?

Welche Brüder und Schwestern warten auf mich und meine „Kamele“?

11. Abschied von der Vergangenheit

Kluge Leute haben schon immer darauf hingewiesen, dass man das Leben zwar nur rückwärts deuten kann, aber vorwärts leben muss. Vital und zukunftsfähig sind wir nur, wenn wir uns von der Vergangenheit verabschieden und Ausschau halten nach dem, was uns blüht:

Hoffnung und Zukunft.

Es wird also „Zeit, dass sich was dreht", um es mit Herbert Grönemeyer zu sagen.

Dieses Drehmoment ist es, was uns womöglich dazu helfen könnte, Lösungen für die Fragen unserer Zeit zu finden, indem wir uns verabschieden von den Zwangsläufigkeiten der Vergangenheit.

Ich denke da an die biblische Geschichte von Lots Frau.

Da wird von der berühmt-berüchtigten Stadt Sodom und Gomorra erzählt. Die steht im Alten Testament als Modell für eine konsequent praktizierte Gottlosigkeit. Nach der biblischen Überlieferung hat in ihr das Chaos geherrscht. Niemand hat dort mehr nach Gott und seinen Geboten gefragt. So dumm war Sodom!

Aber da gab es doch noch eine einzige Familie, die sich tatsächlich den Glauben an den allmächtigen Gott, den Schöpfer von Himmel und Erde, bewahrt hat.

Während alle anderen Gott einen guten Mann sein ließen, haben sie tatsächlich versucht, ihre Ehrfurcht vor dem Vater im Himmel zu bewahren und zu leben.

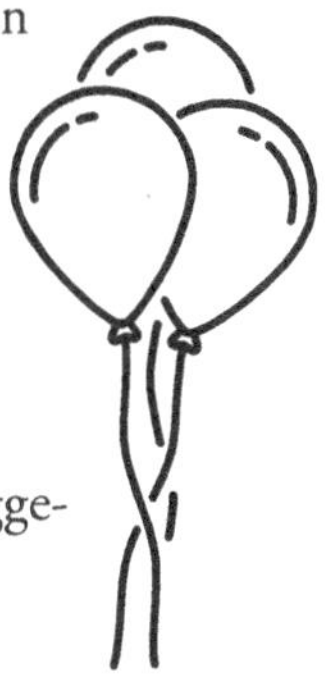

Darum hat Gott auch Erbarmen mit ihnen gehabt, als er beschloss, die Stadt dem Untergang zu weihen. Er schickt seine Engel, um Lots Familie in letzter Sekunde zu evakuieren.

Mit einer wahrhaften Engelsgeduld wird die ganze Familie weggeführt. Dabei gibt es nur eine einzige Anweisung für unterwegs:

Niemand soll sich umdrehen und zurückschauen!

Auf dem rettenden Ausweg aus dem Untergang in die Freiheit einer gottvollen Zukunft soll das, was hinter ihnen liegt, keine Anziehungskraft mehr haben. Sie sollen der Vergangenheit den Rücken kehren und nur noch nach vorne sehen.

Aber das ist leichter gesagt als getan.

Lots Frau jedenfalls kann offenbar der Magie des Zurückliegenden nicht widerstehen und schaut wie gebannt zurück. Zu vertraut und anziehend ist ihr wohl das alte Leben, das da beinahe hinter ihnen liegt.

Und dann passiert das tragische Erstarren. Sie wird zur leblosen Salzsäule, zum Mahnmal gefangener Rückläufigkeit. Sie kann den Weg in das von Gott angebotene Land von morgen nicht mitgehen, weil sie sich von dem, was gestern war, gefangen halten lässt. Daran macht die Bibel auf erschütternde Weise klar, dass wir die Vergangenheit entschlossen zurücklassen sollen, auch gerade dann, wenn sie uns total fesseln und faszinieren will mit ihrer Abgründigkeit.

Das Leben hat nur dann Perspektive, wenn es sich ausrichtet auf das, was um Gottes Willen auf uns zukommt. Die Vergangenheit mag zu uns gehören, aber wir gehören ihr nicht.

Wir sollen keine Leibeigenen der zurückliegenden Lebensgeschichte sein, weil dann unser Leben festfriert und an Mobilität verliert.

Vorne spielt die Zukunftsmusik.

Ich frage mich:

Wie sehr sind mir die Geschichten meiner Vergangenheit noch immer Orientierung und Maßstab?

Was hindert mich, längst Überstandenes und Zurückgelassenes endlich loszulassen?

12. Abschied vor der Ankunft

Strebsam ist er gewesen. Ein Mann der Tat. Erst war er nur hauptberuflich Schwiegersohn, hat die Schafe seines Schwiegervaters Jitro gehütet und war zufrieden damit.

Dann aber hat ihn Gott in seiner Seelenruhe gestört und aufgefordert, ein Befreier des versklavten Volkes Israel zu werden.

Das hat seine Work-Life-Balance vollkommen durcheinandergebracht. Vergeblich hat er versucht, sich aus diesem Projekt zu verabschieden. Hat wortgewaltig darauf hingewiesen, dass er wirklich nicht gut reden kann und zum Verhandeln mit dem Pharao keineswegs taugt.

Aber es hat alles nichts genützt. Er ist zum Helden wider Willen geworden und hat das Volk tatsächlich in die Freiheit geführt. Durch Wind und Wetter, Wasser und Wüste, dick und dünn. 40 Jahre lang. Eine ganze Generation. Da war die Stimmung nicht immer gut, das Essen auch nicht und deshalb die Sehnsucht nach den Fleischtöpfen Ägyptens trotz Gefangenschaft groß.

Durch Wildnis, Manna und Murren, mit allerhand Trubel um das Goldene Kalb und die Zehn Gebote, mit Lust und Frust ging es immer weiter und weiter.

Und dann ist es endlich so weit. Sie halten Ausschau und rufen: Land in Sicht! Gelobtes Land!

Wo Milch und Honig fließt. Angeblich. Man kann schon hinüberschauen. Es ist zum Greifen nah. Mose hat das Ziel vor Augen. Das Ziel seines Lebens, denkt er.

Aber Gott sagt zu ihm, dass daraus nichts wird. Dass er bis hierher und nicht weiterkommen wird. Dass er jetzt seine Pflicht und Schuldigkeit getan hat. Dass er jetzt sterben wird.

Vor der Ankunft noch Abschied nehmen muss. Die Früchte seiner Mühe werden andere ernten.

Da hat einer alles gegeben, sich aufgeopfert ganz und gar, alle privaten und persönlichen Pläne zurückgestellt, jede Menge Entbehrung und Enttäuschungen auch eingesteckt unterwegs und trotz allem nie aufgegeben. Und jetzt das?

Wie kann es sein, dass die einen säen und die anderen ernten?

Es kann nicht nur so sein, es war schon immer so und nicht anders.

Abschied vor dem Ankommen ist nicht die Ausnahme. Es ist das normale Programm tatsächlich.

Vorfahren haben schon immer für die Nachfahren vorgesorgt. Enkel schon immer die Früchte an den Bäumen gepflückt, die ihre Großeltern gepflanzt hatten. Immer schon sind die einen bis hart an ihre Grenzen gegangen, damit die Nachfahren sie dann triumphal überschreiten und weiterziehen.

Alle leisten ihren Beitrag auf ihrem Weg zum Ziel. Aber das, woran alle arbeiten, ist immer und allemal größer als es die einzelnen Generationen für sich gesehen sind.

Abschied vor dem Ankommen. Übergeben, Überlassen und Vertrauen. Das ist das Lernprogramm bei jeder Wüstenwanderung und bei allen Durststrecken.

Nur so werden wir Land gewinnen. Und uns nicht verlieren.

Ich frage mich:

Gilt womöglich auch umgekehrt, dass unsere Nachkommen für das büßen müssen, was wir ihnen hinterlassen?

Kann es sein, dass wir ihnen kein gelobtes, sondern ein verbranntes Land ohne Milch und Honig vererben?

13. Abschied von der Herzlosigkeit

Wenn es drauf ankommt, muss man sich „ein Herz nehmen!“

Und wenn uns etwas wirklich zu denken gibt, dann werden wir es uns „zu Herzen nehmen“. Und wer einen Elfmeter schießen will, muss „sein Herz in die Hand nehmen“ – sagen die Fußballer immer wieder.

Das Herz ist also mehr als ein Organ zur lebenserhaltenden Versorgung des Kreislaufes.

Es gilt als die Schaltzentrale unseres Wesens. Es ist die Mitte und das Epizentrum unserer Seele. Wer „kein Herz hat“, dem ist die Kernkompetenz des Menschseins abhandengekommen. Darum fällt uns das Zusammenleben mit herzlosen Menschen auch so schwer. Mit einer Eiseskälte ziehen sie ihr Ding durch, schamlos, koste es, was es wolle.

Von Weitem sehen sie zwar aus wie ganz normale Menschen, aber wenn man in ihre Nähe kommt, dann fängt man an zu frieren.

Die Bibel weiß von einem Menschen zu berichten, der tatsächlich Angst davor hat, ein herzloser Herrscher zu werden. Er ist der Sohn des großen Königs David, der um 1000 vor Christus das Volk Israel zu seiner größten Blütezeit geführt hat.

Jetzt ist er gestorben und Salomo, sein Erbe, soll in die großen Fußstapfen des Vaters treten. Da kann einem schon auch „das Herz in die Hose rutschen“, wie wir umgangssprachlich zu sagen pflegen, wenn es eng wird. Die Herausforderungen des Königsamtes erscheinen ihm einfach zu groß. Umzingelt von Feindschaft und Missgunst wird ihm ganz bang ums Herz. Da hat er einen Traum. Gott selbst sagt zu ihm: „Wünsch dir was!“

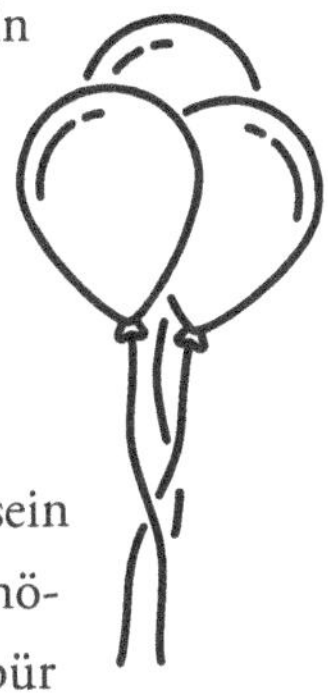

Als Salomo anfängt zu verzagen öffnet er seinem Gott beherzt sein Inneres, wenn er sagt. „Ich bin noch so jung! Bitte gib mir die nötige Kompetenz für diese schwere Aufgabe. Ich brauche das Gespür für Recht und Ordnung, ich brauche genug Fingerspitzengefühl für den Umgang mit den Menschen. Bitte schenk mir Professionalität ohne Kälte, Amtsautorität ohne Hochmut. Kurzum, gib mir ein gehorsames Herz!"

Damit hätte Gott wohl im Traum nicht gerechnet, dass dieser neue König nicht etwa zuerst einmal um ein langes und gesundes Leben für sich bittet, um Reichtum natürlich und den alsbaldigen Tod seiner Erzfeinde – stattdessen mit dieser herzergreifenden Bitte so bescheiden und demütig daherkommt, wohl wissend, was wirklich zählt.

Darum wohl gibt Gott diesem Königssohn unumwunden ein ganz wunderbares Versprechen:

„Siehe, ich gebe dir ein weises und verständiges Herz!"

Was wir also brauchen, um unser Leben geradezu königlich zu bewältigen, ist ein Herz mit Verstand.

Auch für den Glauben ist das wahrscheinlich das wichtigste Organ.

Uns sollen nicht nur die Köpfe rauchen, wenn wir an Gott denken, uns soll das Herz brennen.

Dann werden wir der freien Wildbahn des Lebens gewachsen sein.

Das Herz ist die Krönung!

Da frage ich mich:
Wäre ich im Hinblick auf die Herausforderungen meines Alltages weniger am Grübeln und könnte dann stattdessen mehr meinen Herzensanliegen folgen, dann könnte vielleicht doch noch ein „König" aus mir werden, oder?

14. Abschied vom harmlosen Gott

Früher hat die Kirche Angst und Schrecken verbreitet. Das war Teil ihres Kerngeschäfts. Mit klerikalem Eifer und entsprechendem Hochmut hat man den Menschen ordentlich die Hölle heiß gemacht. Als Verwalterin des Mysteriums Gottes und all seiner Allmächtigkeit konnte man die guten Leute schwer beeindrucken mit dem Hinweis auf Erbsünde mit Todesfolge.

So konnte eine erzieherische Macht ausgeübt und der moralische Druck aufrechterhalten werden. Wem angst und bange ist, den kann man auch gut steuern und klein halten.

Macht und Ohnmacht waren verhängnisvoll unterm Kirchendach zu Hause. Und Martin Luther hätte gewiss seinerzeit nicht so einen Aufstand angezettelt, wenn nicht so viele Amtsträger um Macht und Einfluss gebangt hätten, die sie über die große Schar der zitternden Gläubigen gehabt haben. Man hat damals so lange nicht abgelassen von ihnen, bis sie bereit waren, sich und ihre Verstorbenen vom Fegefeuer freizukaufen.

„Wenn das Geld im Kasten klingt, die Seele in den Himmel springt!"

Das war womöglich der erfolgreichste Werbeslogan aller Zeiten.

Und der menschenfeindlichste allemal!

Da hat sich mit der Reformation doch vieles verändert. Gott sei Dank!

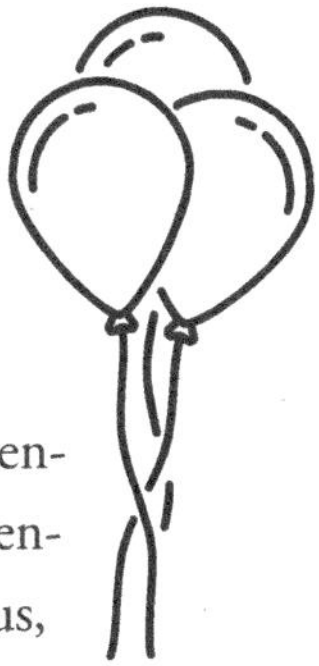

Wer heute in die Kirche kommt, muss sich nicht mehr fürchten. Der ist freundlich eingeladen, zu glauben und sich ganz Gottes Gnade anzuvertrauen.

Seitdem sich allerdings herumgesprochen hat, dass Gott grenzenlos gnädig ist, hat die Kirche offenbar auch an Reiz und abschreckender Anziehungskraft verloren. Die Leute gehen weitgehend davon aus, dass sich die Sache mit Gott eigentlich erledigt hat, lassen ihn einen guten Mann sein und machen um seine altehrwürdigen Wohnungen einen großen Bogen. Das Ende von Furcht und Zittern hat komischerweise nicht nachhaltig zu mehr Kirchenbegeisterung geführt. Eher ist Kirche kaum noch der Rede wert.

Sollte die allzu überhastete Abschaffung des Ablasshandels am Ende gar doch ein strategischer Fehler gewesen sein? Um Gottes und der Menschen willen NEIN!

Aber was die dramatische Entwarnung in Sachen Furcht und Zittern vor Gott anbelangt, da könnten wir vielleicht doch weit übers Ziel hinausgeschossen sein.

Die Überwindung und Diskreditierung von Furcht und Zittern vor Personen der Amtskirchen kann nur als historischer Gewinn gewertet werden. Erst recht nach dem viel zu zögerlichen Enthüllen unzähliger unfassbarer Missbrauchsfälle im kirchlichen Kontext.

Aber ist damit auch gleichzeitig das Abhandenkommen der Gottesfurcht untrennbar verbunden?

Wir haben es uns völlig abgewöhnt, ernsthaft davon zu sprechen, dass der christliche Glaube tatsächlich auch eine ernste Angelegenheit sein könnte, bei der es um etwas geht, um viel sogar, um alles womöglich? Auch für die Kirchen selbst.

Wir haben den lieben Gott in der Tat so verniedlicht und zum lieben Gott reduziert, dass er einfach kein Aufsehen mehr erregt.

Zum Schleuderpreis auf den Markt der Möglichkeiten gebracht, wirkt er auf Ewigkeit hin betörend harmlos.

Dass uns die Bibel von einem Gott berichtet, der ein gewaltiger Schöpfer ist, ein zorniger Herr und Herrscher, ein eifersüchtiger Liebhaber seiner Menschen, ein gewaltiger Dreinschläger auch, der die Mächtigen vom Thron stoßen kann, dass es in seiner Nähe unerträglich und unheimlich ist, dass man wie ein Mose vor ihm heiße Füße kriegt und es einem vor Himmelangst die Schuhe auszieht, weil der Busch brennt: Dass es immerzu, wenn Menschen eine Gottesnähe erfahren, zuallererst heißt: „Fürchtet euch nicht!“, das haben wir fast vergessen.

„Der tut nix! – Gott“ hat als Image zur allgemeinen Unschuldsschläfrigkeit geführt. Gott stellt keine Ansprüche, der ist am liebsten für sich, himmelweit weg, geht über den Wolken schlafwandelnd auf und ab, trifft sich ab und an mit Petrus und Paulus zum Manna und unterhält sich gelegentlich mit seinem Sohn über himmelweite Unterschiede.

Und so haben wir all die Jahre den lieben Gott ohne Furcht und Zittern auf seine unendliche Großherzigkeit festgelegt, seine unendliche Güte im Abonnement schamlos vernascht, in der Hoffnung darauf, dass er schon alles richten wird, ohne wirklich zu richten, dass er uns alles nachsieht, ohne genau hinzusehen.

So haben wir den Bedarf nach einem gnädigen Gott inflationär aufgelöst.

Dabei ruft die Bibel deutlich dazu auf, sich in Jesu Namen mit Ehrfurcht Gott zu nähern. Nicht mit Angst, aber mit Respekt und Achtung und Ehrerbietung.

Das könnte dann der Schlüssel dafür sein, dass wir auch miteinander und mit dieser wunderbaren und so gefährdeten Welt entsprechend achtsam umgehen.

Weil alles Chefsache ist – und bleibt!

Ich frage mich:
Sollten wir nicht wieder öfter niederknien, wenn wir uns Gott zuneigen und betend nach ihm suchen?

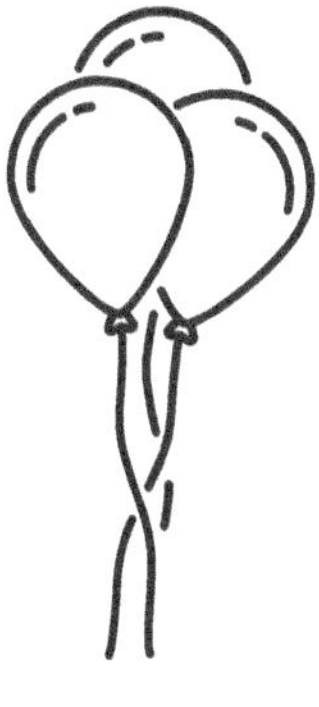

15. Abschied vom Kinderzimmer

Beim Aufräumen im Keller habe ich sie gefunden. Die Stützräder. Da habe ich mich erst einmal auf die Kellertreppe gesetzt, sie mir genau angeschaut und dann ist es mir wieder eingefallen. Sie gehörten einmal an das kleine Kinderfahrrad.

Das ist lange her. Und es war an einem herrlichen Ostersonntag.

Wir waren mit der Familie spazieren. Die Kinder fuhren mit ihren Rädern vorneweg.

Mit Stützrädern. Plötzlich hat Stefan angehalten, ist abgestiegen, hat das Rädchen so von sich weggehalten und drauf geschaut, als wolle er damit nichts mehr zu tun haben. „Mach das ab!", hat er gesagt. Und er hat „Sofort!" und „auf der Stelle!" gemeint.

Unser Auto war ganz in der Nähe abgestellt. Ich bin zurückgelaufen und habe Werkzeug geholt. Noch waren wir ja nicht weit gekommen. Das Abschrauben war im Nu passiert. Da ist er wieder aufgestiegen und losgefahren. Einfach so. Ohne einen Wackler. Wacklige Knie hatte nur ich.

Der Sohnemann radelte auf und davon – und das macht er bis heute. Ohne Stützräder. Wunderbar. Manchmal sogar freihändig …

Wie viele Leute habe ich schon kennen gelernt, die sich ein Leben lang abstrampeln und irgendwie nicht vorankommen, weil ihnen nie erlaubt wurde, aus dem Kinderzimmer auszuziehen, auf eigenen Beinen zu stehen, ihre eigenen Gedanken zu denken und ihre eigenen Wege zu gehen.

Eltern können ja nur eine Stütze auf Zeit sein. Sind nur begrenzt zuständig. Irgendwann müssen die Stützräder weg und das Kinderzimmer muss geräumt werden. Sonst kommt das Leben nicht in Fahrt, wird gekränkt und krank. Das Gleichgewicht halten lernen wir nur, wenn andere das Rad ins Rollen bringen und die Stützräder in den Keller.

Niemand von uns wäre jemals mit seinem Leben richtig in Fahrt gekommen, hätten uns nicht unsere Vorfahren erlaubt, so abzubiegen, wie es uns gefällt.

Der Abschied von den Stützrädern jedenfalls ist die Voraussetzung für die freie Fahrt ins eigene, selbstbestimmte Leben.

Stützen tut nur gut, solange es stärkt und sichert. Wenn es anfängt einzuengen und zu hindern, wird es höchste Zeit, die Rasselbande abfahren zu lassen und ihr hinterherzuwinken.

Der mitreisende Gott wird schon das Tempo halten und vor Unfall bewahren.

Die Bibel jedenfalls warnt Eltern eindeutig, ihre Kinder nicht zum Zorn zu reizen.

Und wenn Stützräder anfangen, mehr weh als gut zu tun, reizen sie und müssen weg.

Gute Reise allerseits!

Da frage ich mich:
Habe ich genug Aufmerksamkeit dafür, wann ein Zeitpunkt zum Loslassen lieber Menschen gekommen ist? Und habe ich genug Dankbarkeit für mein eigenes Kinderzimmer, das ich irgendwann verlassen durfte?

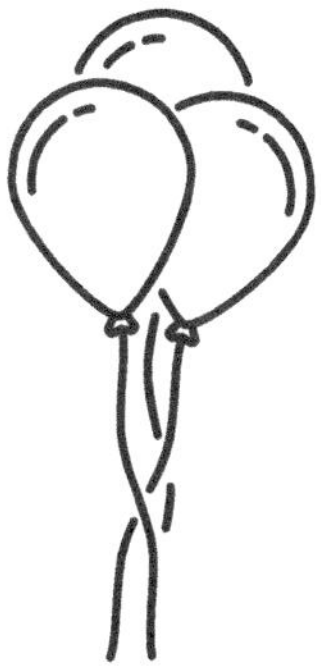

16. Abschied von der Klasse

Die Übergänge des Lebens fangen schon früh an. Die KITA-Zeit ist eine der ersten Stufen, um Abschiedserfahrungen zu machen. Sie stellt eine große Herausforderung für Eltern und Kinder dar. Das Loslassen ist da schon in einer höchst anspruchsvollen Testphase.

Und dann geht es immer so weiter. Jede Klassenstufe bedeutet erneut einen Schritt in neues unbekanntes Land.

In einem Schulgottesdienst zu Beginn eines neuen Schuljahres habe ich mit einer sehr großen Pflanze in einem viel zu kleinen Topf anschaulich gearbeitet. Wir haben eine Umtopf-Aktion gestartet, bei der die Aufmerksamkeit der Kinder sehr groß gewesen ist.

Gemeinsam haben wir darüber nachgedacht, dass wir ja jeden Tag ein Stück wachsen, immer größer werden, wie die Pflanze auch. Auf einmal passen uns die Schuhe und die Kleider nicht mehr. Damit wir dann aber genug Platz haben, um zu wachsen und uns zu entfalten, müssen wir immer wieder umgetopft werden. Sonst geht es uns wie der Pflanze. Wir haben dann zu wenig Platz, werden ganz unsicher und kommen ins Schwanken.

Richtig standfest werden wir nur, wenn wir unsere Wurzeln ausstrecken. Natürlich sind wir nach jedem Umtopfen am Anfang erst einmal etwas durcheinander und haben ein bisschen Heimweh nach dem alten vertrauten Topf. Aber nach einer Weile fühlen wir uns schon wieder wohl in allem, was neu ist: dem neuen Klassenraum mit den neuen Kindern und den neuen Lehrerinnen und Lehrern. Das ist wie mit neuen Schuhen. Die muss man auch erst einmal einlaufen.

Die Pflanze hat das ganze Schuljahr über unten im Eingangsbereich der Grundschule gestanden und daran erinnert, dass wir zusammen wachsen.

Ich frage mich:
Wo habe ich noch Raum zum Wachsen, welcher „Topf“ ist mir mit der Zeit zu eng geworden und was gibt meinen Wurzeln neuen Halt?

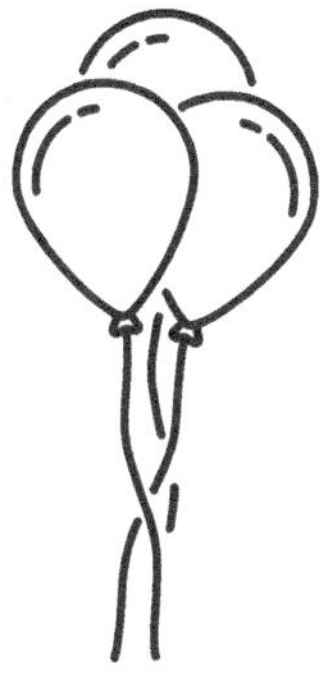

17. Abschied von der Schule

Abifeier unseres Sohnes in der Festhalle. Es ist geschafft. Die Schulzeit ist vorbei, endlich.

Mit einer Feierlichkeitsgänsehaut warten wir auf unseren Plätzen, bis die Verabschiedung beginnt. Musik, Schulchor, Ansprache des Direktors, Ehrungen der Jahrgangsbesten, es dauert, aber es ist in Ordnung.

Dann kommt Stefan ans Mikrofon. Er soll die Rede der Abiturienten halten. Wir sind aufgeregt und stolz natürlich. Umso mehr aber dann auch verblüfft und überrascht, als wir ihm zuhören und uns dabei immer wieder ungläubig anschauen.

Stefan lässt sich von der ganzen Euphorie und „Ziel-erreicht-Stimmung" nicht anstecken.

Er ist merkwürdig ernst und nachdenklich, als er uns erklärt, dass der heutige Tag mit dem Ausstieg aus dem Schulalltag ihn nicht nur in einen Siegestaumel stürzt, sondern eher melancholisch – abschiedlich macht.

Er verweist darauf, dass trotz aller Plackerei und Schikane trotz der Achterbahn zwischen Gelingen und Versagen die Schule doch eines immer war: Heimat und Halt.

Er verweist auf den vertrauten Ablauf, die vertrauten Leute, die klaren Regeln, das überschaubare Risiko, er preist den Wert von Ritual und Rahmen und fragt sich und uns, was jetzt kommt, wenn das alles wegfällt.

Während wir geneigt waren, das bestandene Abitur wie eine Befreiung und das ersehnte Ende der schulischen Zwangsherrschaft jubilierend hochleben zu lassen, es also als den vorerst größten anzunehmenden Glücksfall anzusehen, sprach er von der Unsicherheit angesichts des nun bevorstehenden selbstständigen Lebens.

Er zeigte seine Wehmut darüber, dass sich nun die vertraute Gemeinschaft nach so vielen gemeinsamen Schuljahren in alle Winde zerstreuen wird und erst einmal für alle Heimatlosigkeit zur Folge hat.

Ich musste an den gerne zitierten Umstand denken, der einigermaßen spöttisch fragt:

„Müssen wir jetzt machen, was wir wollen, oder dürfen wir machen, was wir müssen?“

Die ganze Ambivalenz des erreichten Zieles stand uns plötzlich vor Augen.

Im Auditorium war es sehr still geworden. Stefan hatte zwar keine Grabrede gehalten, aber er hatte bei aller Euphorie und Ausgelassenheit einfach noch einmal auf den unschätzbaren Wert des Regulariums Schule hingewiesen und es wertschätzend verabschiedet.

Zum Glück hat er am Ende noch die Kurve gekriegt und uns mit Heiterkeit und Humor wieder aufatmen lassen. Der Applaus war groß und die heimlich gezückten Taschentücher zahlreich.

Und auf dem Heimweg gestanden wir uns ein, dass Stefan recht hatte mit dem nachdenklichen Blick auf die Schulzeit als Vorraum der großen weiten Welt.

Es ist schon gut, dass alles seine Zeit hat, aber nach jeder Stufe lohnt es sich, das Vergangene mit Dankbarkeit und Respekt zu verabschieden. Wohlwissend, dass der alte lateinische Merksatz noch immer stimmt:

„Non scolae, sed vitae discimus!

Nicht für die Schule, sondern für das Leben lernen wir!“

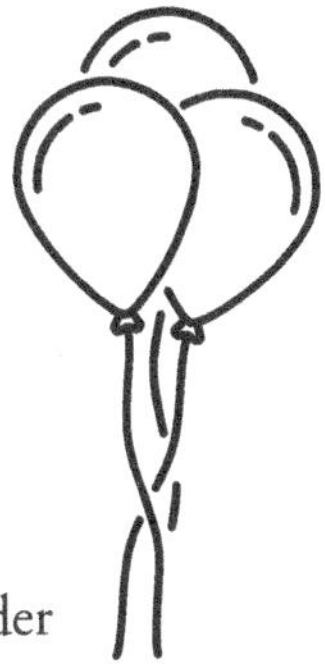

Ich frage mich:

Habe ich nicht auch trotz aller Fluchtgedanken die Geborgenheit der Schulzeit genossen und verdanke ich ihr nicht den Wert der geordneten Hausaufgaben als Lebensthema?

Etwas endlich überstanden zu haben, könnte auch die Gelegenheit bieten, ihm im Rückblick einen dankbaren Blick zuzuwerfen, oder?

18. Abschied vom Kinderglauben

Als kleines Kind war mein Glaube grenzenlos. Mit der Gnade der noch ungetrübten Ahnungslosigkeit großzügig ausgestattet, habe ich den Erwachsenen so ziemlich alles geglaubt. Mein Talent reichte von gutgläubig bis ungläubig staunend.

Daran konnten auch die zunehmenden Enttäuschungen über leere Versprechungen aller Art nicht wirklich was ändern. Auch wenn sich immer öfter herausstellte, dass die Ansagen der Großen keineswegs immer glaubwürdig waren, wenn sie zum Beispiel sagten, es sei gleich vorbei mit dem Schmerz beim Zahnarzt, die Fahrt dauere gar nicht mehr lange und Papa käme schon ganz bald wieder aus dem Krankenhaus heim. Mein Glaube blieb trotz aller Enttäuschung lange stabil und unerschütterlich.

Vor allem das Christkind hielt jedweder Erschütterung sehr lange stand. Unverdrossen schrieb ich Wunschzettel und legte sie auf die Fensterbank. Ich sah ehrfurchtsvoll zu, wie das Christkind Plätzchen gebacken hat, wenn der Himmel rot war und freute mich daran ohne Vorbehalt und Zweifel.

Maßlos enttäuscht war ich allerdings Jahr um Jahr, wenn es an Heiligabend nach langer Geduldsprobe zwar endlich heftig geklingelt hat, dann aber, ehe wir die so lange abgeschlossene Weihnachtsstube betreten konnten, schon wieder abgehauen war.

Man sagte mir dann zwar, es sei ja da gewesen, das Christkind und habe die Geschenke gebracht, aber sein fluchtartiges Verschwinden trug nicht gerade zu einem wachsenden Vertrauensverhältnis bei. Ich hätte das Christkind gerne bei der Bescherung dabeigehabt, zumal mich alle am nächsten Morgen ernsthaft fragten, ob das Christkind denn brav gewesen sei.

Trotzdem hielt ich bis in die Grundschule am Glauben an das Christkind fest. Erste Risse bekam diese unversehrte Gutgläubigkeit mit dem zunehmend schwindenden Respekt vor dem Osterhasen und dem Klapperstorch. Beide entpuppten sich in meinen Augen immer klarer als Phantomscherz, weil die Rede der Erwachsenen vom Osterhasen wirklich jede dafür notwendige Ernsthaftigkeit vermissen ließ und im Übrigen die zuverlässige Versorgung mit Ostereiern und Schokoladenhasen durch zunehmende Ungläubigkeit meinerseits nicht ins Stocken kam.

Es war also absolut kein Verlust, den Osterhasen mit einem Augenzwinkern ins Reich der schönen Märchen zu verabschieden. Dem Klapperstorch habe ich auch keine Träne nachgeweint. Mich hat zwar niemand jemals über irgendetwas aufgeklärt, aber auf unserem Bauernhof war die Entstehung neuen Lebens im Stall allemal Anschauungsunterricht genug.

Als dann aber an einem Heiligen Abend ganz früh am Morgen doch der Traum vom Christkind geplatzt ist, da war die Traurigkeit groß und in mir eine bodenlose Leere. Mein gleichaltriger Schulfreund Arno war mir im Dorf begegnet und hatte meine naiv ausgesprochene Freude aufs Christkind mit einem einzigen Blick gekillt. Sein uneinholbarer Vorsprung an Erkenntnis ließ mich sprachlos und einsam zurück. Plötzlich war ich zu groß für das kleine Christkind, an dem doch die ganze Geborgenheit und Wärme der Kinderstube hing. Ich habe lange gebraucht, bis mir das Christkind zum Christuskind wurde, dessen Geburtstag wir an Weihnachten feiern.

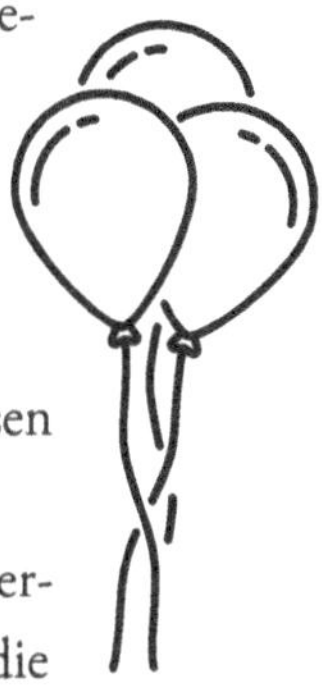

Lange hat mich die Frage geplagt, ob man sich tatsächlich entscheiden muss, ob man etwas einfach glauben oder doch besser wissen will.

Mit zunehmender Ernüchterung war ich immer mehr davon überzeugt, dass mit dem Wachsen und Älterwerden auch gleichzeitig die Fähigkeit, an etwas zu glauben, kontinuierlich abnimmt. Nach dem Motto: „Glaubst du noch, oder weißt du es schon besser?"

Dass mein Glaube mitwachsen kann, hielt ich lange für undenkbar.

Erst als mir langsam einleuchtete, dass es zum Beispiel nicht notwendig ist, sich von dem Glauben an die Schöpfung zu verabschieden, wenn man etwas von Evolution verstanden hat, fing ich an, dem Glauben zuzutrauen, dass er auch viel Wissen verkraftet. Zumal die klügsten Köpfe, die naturwissenschaftliche Zusammenhänge nobelpreisverdächtig zu erklären vermochten, selbst oftmals tiefgläubig gewesen sind.

Da habe ich angefangen, erwachsen zu glauben, ohne dabei den Verstand zu verlieren.

Realist sein und Christsein schließt sich nicht aus. Auch wenn wir als Gernegroße schnell vom Glauben abfallen, wir tun gut daran, nach dem Kinderglauben wieder anzufangen, wie Kinder Gottes zu glauben. Dann wird uns der Zauber, der über unserem Leben und über dieser ganzen Schöpfung liegt, nie verloren gehen, sondern geheimnisvoll und rätselhaft bleiben.

Wir werden nicht aufhören, ungläubig zu staunen über die unfassbare Art und Weise, wie Gott mit seiner Liebe und Nähe unser Leben beatmet.

Und da winke ich doch gerne meinem lieben Kinderglauben von gestern hinterher und begrüße wie das Kind am Weihnachtsbaum den großen Gott, der mit mir bis in den Himmel wachsen wird.

Und frage mich:

Hat Jesus vielleicht genau diesen erwachsenen Glauben gemeint, wenn er gesagt hat, wir sollen werden wie die Kinder?

Sollte ich vielleicht doch öfter denen widersprechen, die sagen, wir wüssten inzwischen zu viel, um noch an Gottes Wunder zu glauben?

19. Abschied von der Unsterblichkeit

Ein älterer Mann hat mir einmal von einem Schlüsselerlebnis erzählt.

Da war er schon ziemlich alt. Vor Jahren ist das gewesen. Er mag ungefähr mein Jahrgang sein. Eher älter. Jedenfalls hat er es sich im Ruhestand zur täglichen Gewohnheit gemacht, am Nachmittag einen Spaziergang um sein Heimatdorf zu machen. „Das dauert keine Stunde, ist aber gesund!", sagte er zu mir – und es führte immer wieder auch zu der einen oder anderen schönen Begegnung.

Und so also sei er wieder einmal unterwegs gewesen auf seiner vertrauten Umlaufbahn, als auf einmal die Glocken angefangen hätten zu läuten. Dort, wo man die Kirche noch im Dorf gelassen hat, kommt so was schon mal vor. Man nennt es bei uns „Zeichen läuten". Das bedeutet, wenn es sich weder um die Morgen- oder Mittags- oder Abendglocke handelt und wenn es dreimal hintereinander kurz läutet, dann ist es das Zeichen für das Versterben eines Dorfbewohners. Dann wissen alle Bescheid: Jemand von uns ist gerade gestorben. Alle sollen es wissen.

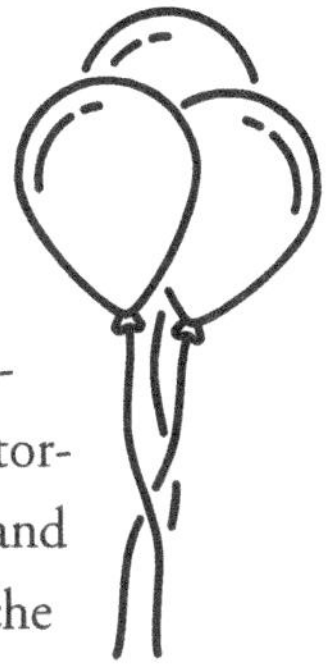

Mancherorts gibt es sogar verschiedene Glocken für Männer, Frauen und Kinder. Was für eine ausgeklügelte museale Form von nonverbaler Kommunikation. Jedenfalls mein Erzähler hat mir damals berichtet, wie er sofort beim zweiten Glockengeläut im Geiste die Straßen entlanggegangen ist, von Haus zu Haus sozusagen, und wie er sich dabei gefragt hat, wer denn wohl am besten gestorben sein könnte. Und da sind ihm wirklich und wahrhaftig allerhand Kandidaten eingefallen. Ich weiß heute nicht mehr ganz genau, welche Namen er damals aufgezählt hat und wie viele es gewesen sind. Aber mir sind mindestens drei Verdächtige im Gedächtnis geblieben, weil er sie mir so eindrucksvoll vorgestellt hat. Es sind allesamt ehemalige Klassenkameraden oder Weggefährten gewesen, die er seit seiner Kindheit kannte und deren Gebrechen ihm wohl vertrautgewesen sind.

Zuerst hat er an den Karl gedacht. Der hatte in der Schule neben ihm gesessen, war Schuhmacher geworden und ein wackerer Kamerad. Ein Schlaganfall hatte ihn aber vor Jahren schon in den Rollstuhl gebracht und zuletzt hieß es im Dorf, er sei gar zu schwach, um aus dem Bett aufzustehen. Ein Pflegefall eben. Der könnte wohl jetzt gestorben sein, dachte mein Gegenüber und sagte unverhohlen dazu ganz ehrlich, dass es wohl auch eher eine Erlösung als ein Unglück wäre. Für den Karl.

Dann aber ist ihm gleich die Lieselotte eingefallen. Die hatte sich vor zwei Wochen erst einen Oberschenkelhalsbruch zugezogen und sei außerdem schon seit Jahr und Tag ziemlich dement. Auch für sie und ihre Familie wäre das Sterben das Ende von Kummer und Leid.

Während er mit seinen Gedanken also noch bei der Lieselotte gewesen ist, kam ihm prompt der alte Philipp in den Sinn. Dieser alte Schurke, mit dem man Pferde hat stehlen können, früher, der aber seit dem Tod seiner Frau vor sieben Jahren schon irgendwie keine Freude mehr am Leben hatte und total zurückgezogen vor sich hin lebte. „Der schaut nur noch ab und zu aus dem Fenster, kommt aber nicht mehr vor die Tür!", sagten die Leute neulich mal im Vorübergehen zu ihm. Keine Kinder, keine Kontakte. Also wenn so ein trauriges Schicksal von der Einsamkeit befreit mit seiner Frau vereint wäre, dann käme das Sterben doch auch nicht ungelegen.

So in Gedanken versunken hatte mein Erzähler wohl gerade wieder die ersten Häuser seines Dorfes erreicht. Da schaute genau dieser Philipp gerade aus seinem Fenster, sah seinen alten Freund da unten auf der Straße und rief ihm zu:

„Ach Gott, mein Lieber, grad hab ich gedacht, du wärst vielleicht gestorben!"

Obwohl wir darüber herzlich gelacht haben – es ist doch irgendwie schaurig traurig, aber wahr, dass wir alle wohl täglich davon hören und lesen, dass allerhand Menschen um uns herum sterben. Das kommt andauernd vor. Und wir erschrecken auch darüber. Absolut. Trotzdem gehen wir insgeheim unbewusst und unerschütterlich vorerst davon aus, dass wir selber davon so nicht wirklich betroffen sind. Wir halten uns in der Tat für einigermaßen unsterblich.

Und das ist nur auf den ersten Blick wirklich clever. Denn es stimmt ja nur eine unbestimmte Zeit. Und dann nicht mehr.

Darum hat die Bibel schon vor mehr als tausend Jahren die Leute nachdenklich zu Gott beten lassen:

„Herr lehre uns bedenken, dass wir sterben müssen, damit wir klug werden!"

Es ist also eine gewisse Form von Klugheit, sich vom Gedanken an die eigene Unsterblichkeit zu verabschieden. Und dann, wenn die Glocken für die anderen Leute zu läuten beginnen, das eigene Sterben in die Zukunftspläne mit einzubeziehen.

Das zumindest war die Meinung meines Gesprächspartners.

Ich weiß übrigens gar nicht, ob er noch lebt …

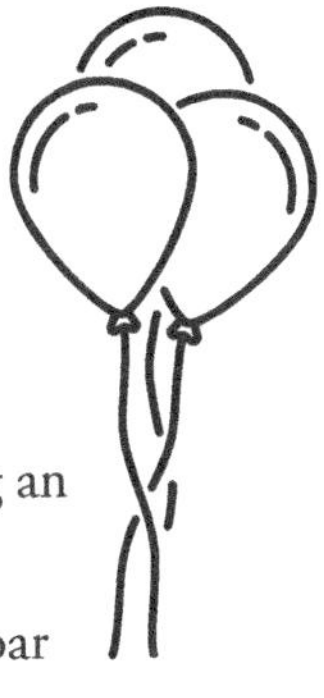

Frage ich mich also:

Wäre es womöglich langsam an der Zeit, mich von der Idee zu verabschieden, irgendwie unsterblich zu sein?

Wie nah lasse ich den Tod und das Sterben in meiner Umgebung an mich heran?

Wie könnte der Gedanke an den eigenen Tod für mich denkbar werden, ohne mich nur zu Tode zu erschrecken?

Mit wem könnte ich über meine Angst vor dem eigenen Ende ganz im Vertrauen sprechen?

20. Abschied vom Klassenkameraden

Früher war ich öfter zu Festen eingeladen. Taufen, Hochzeiten, Konfirmationen.

Heute ist das anders. Ich bin jetzt vor allem auf Beerdigungen. Das hat sich so ergeben.

Es sterben einfach die Leute. Ich höre dann die Artgenossen um mich herum sagen, die Einschläge kämen jetzt immer näher.

Und tatsächlich stelle ich jeden Morgen fest, wenn ich die Zeitung von hinten aufschlage, dass die Geburtsjahre der gerade Verstorbenen ganz nahe an meinem liegen, ja dass viele sogar wesentlich jünger gewesen sind.

Es geht eben nicht der Reihe nach.

Jetzt ist sogar ein Klassenkamerad gestorben. Und wir haben uns verabredet zu einem kleinen Klassentreffen der besonderen Art. Zum Abzählen, wie viele noch übrig sind von uns.

Nach all den Jahren sind schon viele gegangen.

Und dann standen wir uns gegenüber auf dem Friedhof und haben uns ungläubig angeschaut, weil die anderen alle so alt geworden sind.

Und weil man das an sich selber gar nicht so gemerkt hat.

Aber jetzt ist es unübersehbar. Ich bin umzingelt von alten Männern.

Nach der Beerdigung haben wir dann noch über die alten Zeiten gesprochen. Wie das eben so ist, wenn einer nach dem anderen sagt: „Wisst ihr noch …?" Was haben wir damals ungeduldig auf das Leben gewartet und konnten es kaum ertragen, dass man uns noch nicht für voll genommen hat, weil wir eben noch zu jung, zu unerfahren gewesen sind. Was ist das für eine elende Geduldsprobe gewesen, bis wir endlich erwachsen wurden und durchstarten konnten.

Und dann sind alle auf ihrem ganz eigenen Weg gewesen: Ausbildung, Studium, Beruf, Familie – das ganze Programm. Und es schien doch keine größere Herausforderung zu geben als die, das Leben in den Griff zu bekommen.

Jetzt stellt sich auf einmal heraus, dass wohl doch noch eine größere Aufgabe auf uns wartet.

Und die heißt: Zulassen, Loslassen, Seinlassen.

Die steht uns jetzt allen ins Haus und niemand weiß so recht, wie damit umgehen. Denn jetzt auf einmal sollen wir die Rolle rückwärts machen und nach und nach verabschieden, was wir uns so lange und so mühselig vertraut gemacht haben:

Dieses ganze liebe Leben mit allem, was dazugehört an unfassbarem Glück und Unglück und sonstigen Herausforderungen. Jetzt sollen wir also lernen, wie man anfängt aufzuhören, sich zurückzuziehen, anderen das Feld zu überlassen, zu ertragen, dass die nächste Generation keineswegs verlängert und bewahrt, was wir angefangen und aufgebaut haben, sondern mitunter alles auf den Kopf stellt und sich viel Mühe gibt, uns ja nicht zum Verwechseln ähnlich zu werden.

Die nächste Mutprobe soll keine Wutprobe werden, sondern ein langsam eingeübtes Einverstandensein. Und da könnten die regelmäßiger werdenden Besuche auf dem Friedhof eine gute Übung sein. Die nächste Lebensaufgabe ist gestellt. Es bleibt spannend.

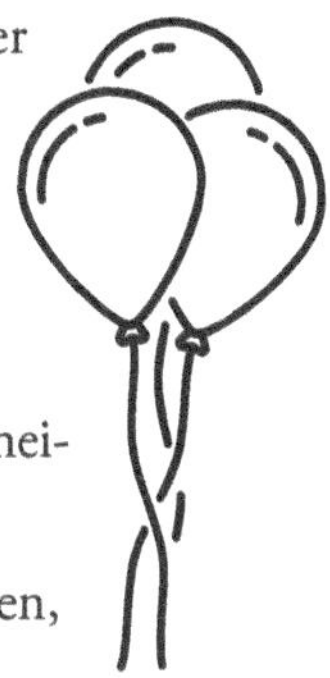

Ich frage mich:

Wie kann es mir gelingen, weniger zu erschrecken über den Tod in meiner Umgebung?

Was könnte mir helfen, gelassener mit der Tatsache umzugehen, dass wir alle irgendwann gehen müssen?

Welcher Mensch ist in meiner Nähe, mit dem ich darüber sprechen kann?

21. Abschied von aller Selbstüberschätzung

Am besten ist doch, wenn wir ganz unabhängig sind, oder?

Sich ganz und gar selbst zu versorgen, niemandem zur Last fallen, danach streben wir doch alle, oder? Und sich bei alldem nicht unterkriegen lassen, bitte schön. Darum gehts doch. Am liebsten möchten wir unser Leben doch so in den Griff bekommen, dass wir niemanden brauchen, allem gewachsen sind und möglichst immer Herr der Lage bleiben. Autonome Alleskönner ohne Verfallsdatum und Schwachstellen wenns geht, so möchten wir gerne wie Modellathleten des unbeugsamen Lebensmutes daherkommen.

Diese Idealvorstellung schwebt uns vor, wenn wir ein wünschenswertes Bild von uns entwerfen, das in unserer Umgebung seinesgleichen sucht.

Aber möchten wir ernsthaft mit so einem Menschen befreundet sein? Die Vorstellung, perfekt und autonom zu sein, sie erfüllt nach biblischer Vorstellung geradezu perfekt die Kriterien einer teuflischen Versuchung.

Ihr gilt es, zu widerstehen. Und Jesus macht uns das vor:

Als er kurz vor Beginn seines ersten öffentlichen Auftretens als Wanderprediger, Wunderheiler und Menschensammler 40 Tage in der Wüste fastet, um sich für die große Aufgabe zu sammeln, gerät er am Ende in die größte Versuchung.

Da wird ihm mit teuflischer List und Tücke genau dieses Portfolio eines perfekten Selfmademans angeboten.

Er wird gefragt, ob er vielleicht doch seine guten Beziehungen zum Himmel dafür nutzen könnte, aus Steinen Brot zu machen, um sich selbst zu versorgen.

Ob er mit einem Mutproben-Sprung von der Zinne des Tempels nicht einmal demonstrieren möchte, dass er im Grund unverletzlich und nicht umzubringen sei.

Ja, die verführerische Option, einfach omnipotent und omnipräsent zu sein als Gottessohn, wird ihm nahegelegt.

Jesus lehnt sie komplett und entschlossen ab. Er entscheidet sich für das Gegenteil.

Will offenbar kein Selbstversorger sein, sondern von Gott abhängig bleiben, will sich nicht als unverwüstlicher Hero inszenieren und schon gar nicht der magischen Anziehungskraft der Macht verfallen, sondern unter Gottes hohem Himmel wohnen und bleiben und abhängig gebunden und verbunden sein mit dem, der Himmel und Erde gemacht hat.

Jesus wählt eine Form von Selbstverwirklichung, die auf demonstrative Unabhängigkeit und insulare Egomanie verzichtet. Seine Lebensweise ist eine „Beziehungsweise".

Er weiß, dass wir nur in der unmittelbaren Anbindung an Gott und seine unendlichen Ressourcen der Kraft, der Liebe und der Besonnenheit lebenstüchtig und menschlich beglückt leben können.

Er wird darum auf Bildern als der auferstandene, segnende Christus oft mit seinen Wunden an Händen und Füßen dargestellt. Der menschgewordene Gottessohn kann uns deshalb zum Weggefährten und Begleiter werden, weil er nicht unversehrt und heldenhaft überlegen ist, sondern weil er weiß, wie sich Schmerz und Leid anfühlen. Weil er über Wunden Bescheid weiß, können wir mit ihm überwinden, was uns am Leben hindert.

Alle Selbstüberschätzung wird zur Selbstüberforderung, wenn wir uns zu der Annahme verführen lassen, die Alleinunterhalter unseres Lebens zu sein.

Da frage ich mich:

Wie viel Energie und Kraft habe ich schon verschleudert, um größer, stärker, erfolgreicher und unbekümmerter zu sein, als ich es je war?

Was für eine neue liebevolle Sicht auf mein eigenes Leben könnte ich einüben, wenn ich mich verabschieden würde von dem unmenschlichen Bild des Alleskönners?

Und nebenbei – wäre ich nicht erst dann in bester Gesellschaft?

22. Abschied von der Mangel-Haft

Inhaftiert und eingesperrt sind wir oft vom ausschließlichen Blick auf das, was uns so alles fehlt.

Während wir allenthalben den Mangel verwalten, weil uns überall die nötigen Mittel und Wege fehlen für ein gutes und unbesorgtes Leben, fühlen wir uns im Allgemeinen und in Kirche und Gesellschaft im Besonderen chronisch defizitär. Wie es scheint, reicht es hinten und vorne nicht.

Geld und Geltung schwinden. Wohlstand und Überfluss waren wir gewöhnt. Verzicht und Verdruss eher nicht.

So in die Mangel genommen, fragen wir uns nach Zukunft und Hoffnung angesichts unserer begrenzten Mittel fürs Leben.

Da könnte uns ein Blick in die Bibel helfen, wo exemplarisch der Umgang mit dem, was fehlt, von Jesus faszinierend erprobt worden ist. Es mögen wohl Tausende von Menschen gewesen sein, die an seinen Lippen hingen und gar nicht genug bekommen konnten von der Art und Weise, wie er geredet hat von Gott und der Welt.

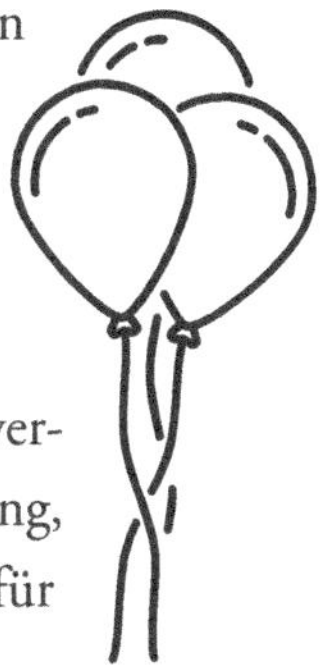

Aber auch Zuhören macht hungrig. Und wenn man dabei begeistert ist, erst recht.

Jedenfalls hört man nach der großen Ansprache, wie den Leuten vernehmlich der Magen knurrt. Da ziehen die Jünger kurz in Erwägung, die Leute einfach ganz schnell wegzuschicken. Aber Jesus hält das für keine gute Lösung und sagt lapidar: „Gebt ihr ihnen zu essen!“

Da aber stellt sich die mangelhafte Erfahrung im Orga-Team Jesu heraus, zumindest was das professionelle Catering großen Stils anbelangt.

Sie haben nur fünf Brote und zwei Fische. Das reicht nicht für alle. So viel scheint klar.

Bis dahin fehlt allen die atemberaubende Erfahrung, wie viel um Gottes willen vom Zuwenig ausreicht für einigermaßen Unermessliches.

Niemand rechnet wirklich damit, dass unsre Mangel-Haft uns frei werden lässt, wenn Jesus sie anschaut und verändert. Er jedenfalls fängt an mit dem Verteilen und gibt es weiter durch viele Hände, das wenige.

Jesus begreift unseren himmelschreienden Mangel, findet mit Gottes schöpferischem Geist heraus, wie sich das wenige in mehr verwandelt, und teilt verschwenderisch davon aus. Niemand weiß, wie, aber alle essen sich satt. Und am Ende bleiben 12 Körbe voll übrig.

Das ist nicht mehr und nicht weniger als der realistische Glaube an das Wunderbare.

Gerade wenn niemand damit rechnet, vervielfältigt Gott unsere Mängel zu einem Genug für alle.

Was noch da ist, mag wenig sein.

Gott reicht es, wenn wir es weiterreichen und aus dem Staunen nicht mehr herauskommen.

Wegschicken ist keine Lösung.

Ich frage mich:
Was mache ich nach der Mahlzeit mit den 12 Körben, die übrig sind?

23. Abschied von der Maxi-Version

Was zählt, ist, was am Ende rauskommt. Das ist der allgemeingültige Grundsatz dieser Welt.

Und es soll möglichst viel rauskommen. Wenns irgendwie geht. Niemand will sich gerne mit wenig zufriedengeben. Darum muss alles immer wachsen: die Leistung und das Bruttosozialprodukt. Die Wirtschaft, der Wohlstand, die Lebensqualität, die Konsumfreude und die Sicherheit. Von allem wollen wir die Maxi-Version. Alles, was drunterliegt, ist enttäuschend und eher verlustreich. Niemand will sich mit weniger zufriedengeben.

Wir wollen alles, und zwar immer und sofort. Minimal ist der Anteil derer, die sich bereit erklären, schon mit ein bisschen mehr zufrieden zu sein.

Wir fragen uns nämlich immer, ob es sich rentiert. Ob was dabei herauskommt, wenn wir uns anstrengen, verausgaben und immerfort bemühen. Ohne Fleiß keinen Preis. Das wissen wir. Preisgekrönt soll unser Einsatz in Familie und Beruf allemal sein und bleiben. Dazu hält die Bibel eine Art Betriebsanleitung bereit. Jesus hat sie einmal vorgestellt. Und sie geht so:

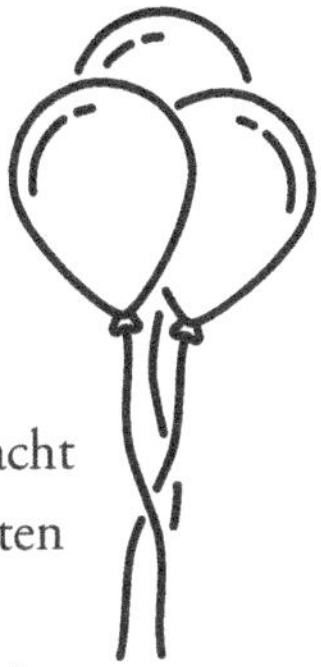

Ein Sämann sät. Das ist sein Job. Und das kann er gut und das macht er gut. Er wirft sozusagen mit vollen Händen um sich mit dem guten Saatgut. Damit hat er erst einmal seine Pflicht erfüllt.

Aber es kommen allerhand Komplikationen dazwischen. Es geht nämlich keineswegs alles auf. Es geht sogar jede Menge unter. Und es geht auffallend viel daneben. Da sind nämlich Felsen, Dornen und Gestrüpp. Vögel picken viele Körner auf. Und allmählich stellt sich die Frage, was da wohl am Ende rauskommt und ob sich die Investition rentiert hat. Der Boden ist nur zum Teil fruchtbar. Es ist mit allerhand Ausfall zu rechnen.

Dann kommt die Ernte. Und es stellt sich heraus, dass es sich doch gelohnt hat. Vorausgesetzt, man erwartet nicht die Maxi-Version. Auf dem guten Land ist jedenfalls allerhand gewachsen. Da gibt es Früchte. Unterschiedlich viele zwar, aber doch allerhand.

Dennoch ist natürlich auch Verlust und Frust zu verzeichnen.

Jesus ist da ganz ehrlich und realistisch. Er sagt: Wer sät, muss wissen, dass jede Menge verloren geht. Aber das ändert nichts daran, dass es sich allemal lohnt, immer mit vollen Händen und ganzem Einsatz auszustreuen und zu investieren. Immer mit dem Risiko, dass missliche Bedingungen auf jedem Feld unvermeidbar sind: in jeder Beziehung, in jeder Familie, in jedem Verein, in jeder Gemeinde, an allen Orten. Aber Jesus meint: Mach dich deshalb nicht vom Acker. Nur weil nicht alles optimal wächst. Denn es lohnt sich doch. Es ist nicht alles umsonst. Etwas wächst immer. Wann und wo und wie viel? Das ist Gottes Betriebsgeheimnis.

Die Maxi-Version wäre wahrscheinlich auf die Dauer nur langweilig. Weniger ist mehr!

Da frage ich mich:

Wie sieht mein Ertrag auf dem Ackerfeld meines Lebens aus?

Wäre es nicht bald Zeit für ein Erntedankfest, auch wenn der Ertrag hinter meinen Erwartungen zurückbleibt?

24. Abschied von der Quote

Nur die Quote zählt. Die Einschaltquote. Keine Fernsehsendung hält sich auf Dauer im Programm, wenn sie nicht von einer großen Anzahl von Zuschauern gesehen und damit legitimiert wird. Es wird gemessen, wie viele Haushalte sich jeweils zuschalten. Das entscheidet über Erfolg und Misserfolg. Angebot und Nachfrage regeln auch hier das Geschäft. Hohe Quote, gute Note.

So gesehen ist nur die Quantität, die Masse entscheidend, ob etwas gut läuft und sinnvoll ist oder nicht. Viel Zuspruch, großes Interesse, enormer Zulauf – und an der Sache muss was dran sein. Wenig Resonanz, minimales Interesse, niedrige Zuschauer-, Teilnehmer-, Besucherzahlen signalisieren minimalen Wert, geringe Bedeutsamkeit.

Was niemand sehen oder hören oder lesen oder wissen will, ist auch überflüssig und irrelevant. Diese Rechnung wird beim Beurteilen von öffentlichem Interesse überall angestellt. Dabei wird mit der Voraussetzung gearbeitet, dass nur, wo sich Mehrheiten abbilden, die Wahrheit und die Mitte liegen muss.

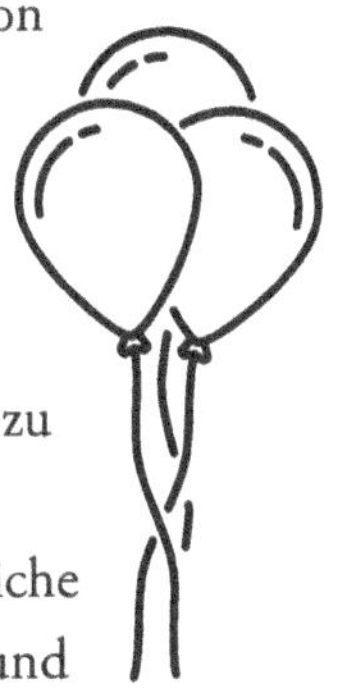

Das führt uns nicht nur medial in eine verhängnisvolle Sackgasse, sondern auch im Umgang mit allen Versuchen, sich zu Wort zu melden, sich einzumischen, mitzureden, Alternativen aufzuzeigen.

Politik, Gesellschaft, Religion, Kultur, Wissenschaft – alle Bereiche unseres Lebens sind angewiesen auf den Blick auf Ambivalenz und Transparenz. Es ist alles nicht nur einfach.

Es gibt immer das Einerseits und das Andererseits. Manchmal auch das „Sowohl-als-auch“. Auch eine geringe Quote, auch wenig Zuspruch und Zustimmung kann wesentlich zur Erkenntnisfindung beitragen. Auch Minderheiten müssen gehört und beachtet werden. Nicht immer liegt die Mehrheit richtig.

Darum ist die Bemerkung Jesu zur Quote so wichtig. Er hat einmal im Hinblick auf die Zahl seiner Nachfolger gesagt: „Wo zwei oder drei in meinem Namen versammelt sind, da bin ich mitten unter ihnen!"

Seine Sympathie und Anwesenheit ist nicht an eine möglichst hohe Einschaltquote gebunden. Was für ein Glück für unsere Kirchen, wenn sie quantitativ gerade zur institutionalisierten Bedeutungslosigkeit schrumpfen. Weniger als die Hälfte der Bevölkerung ist noch Mitglied in einer Kirche. Und die verbliebenen Mitglieder glänzen am Sonntagmorgen vorwiegend mit Abwesenheit. Die „Einschaltquote" bei den lokalen Gottesdiensten ist so dramatisch schlecht, dass jeder Fernsehsender sofort abschalten würde.

Die Quotenregelung Jesu ist deshalb so überlebensstrategisch wertvoll, weil sie von dem zwanghaften unablässigen Schäfchenzählen befreit, was bekanntlich nur zum Einschlafen hilft, aber nicht zum Aufwachen.

Unsere Kirchen werden zukünftig keine Kathedralen-Kirchen mehr sein, pompös mit medialer Aufmerksamkeit wie ein Fußball-Länderspiel. Spektakuläre Selbstinszenierung und Laufstegpräsenz sind vorerst abgesagt. Aus Volkskirche wird Minderheitskirche werden.

Christen sind keine Quotenmenschen, sondern vereinzelte unersetzbare Botschafter der Liebe Gottes mit dem Mandat zu Widerspruch und Gegenwind. Aber das sollte uns keine Sorgen machen, denn: Zwei oder drei werden sich immer finden.

Ich frage mich:

Werde ich die Energie aufbringen, mich unentwegt auf die Suche nach den zwei anderen zu machen, die reichen, um Jesus zu uns einzuladen?

Kann im Abschied von der hohen Quote ein neuer Anfang im Kleinen verborgen sein?

Brauche ich immer die Zustimmung vieler, wenn ich mir meine Meinung bilde?

25. Abschied von Kult und Kommerz

Wenn Jesus etwas verabschiedet und vor die Tür setzt, dann kann es ganz schön ungemütlich werden. Dann hört er auf, nur brav und liebevoll zu sein, was er wohl ohnedies nie war.

Zornentbrannt und schier aus dem Häuschen ist er jedenfalls, als er eines Tages sieht, wie es da im Tempel zu Jerusalem zugeht. Da haben sich nämlich schamlos Geldwechsler und Händler breitgemacht.

Souvenir und Gier! Der Tempel ist zur Shoppingmeile umfunktioniert. Die Geschäftsidee ist so clever wie erfolgreich. Zum Tempel kommen ganz viele Leute. Er ist der Durchlauferhitzer der ganzen Stadt. Und wenn man sich da günstig platziert, können die Leute im Vorübergehen wunderbar einkaufen. Womöglich wollen sie auch etwas opfern und es fehlen ihnen noch die nötigen Utensilien. Kult und Konsum küssen sich gerne. Damals wie heute. Geld und Gebet. Mammon und Sermon, Klingelbeutel in Variationen.

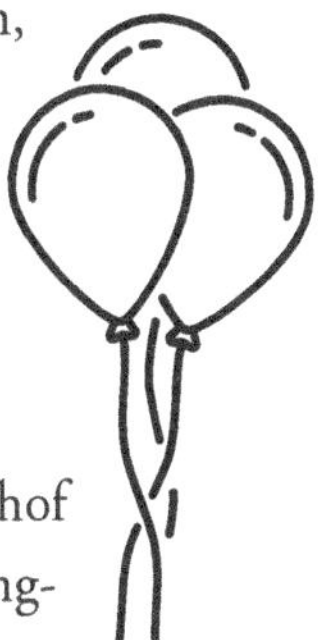

„Dies Haus soll ein Bethaus sein! Ihr habt eine Räuberhöhle daraus gemacht!“, schreit Jesus in heiligem Zorn. Und dann wirft er die Verkaufsstände um, reißt alles nieder und treibt die Händler zum Tempel hinaus.

Da wird man gottlos, wenn das große Los angeboten wird im Vorhof des Heiligen. Lotterie und Liturgie gehen nicht zusammen. Gesangbuch und Sparbuch sind nicht dasselbe.

Geschäft gehört nicht unters Kirchendach. Dort wohnt ein anderer Geist, hoffentlich!

Der zunehmend propagierte und von den Kirchen tolerierte „verkaufsoffene Sonntag“ ist mir sehr suspekt. Der reduzierte Blick auf Geld und Geltung in der Kirche auch.

Wer loslässt, hat die Hände frei – auch zum Händefalten.

Ich frage mich:
Können unsere Kirchen vielleicht mit weniger Geld und Mitgliedern zurückfinden zum Anfang?

Sammeln sich dann vielleicht wieder die Leute neu im Bethaus?

26. Abschied vom Dienst nach Vorschrift

Korrektes Handeln ist ein Qualitätsmerkmal in jedem Beruf. Da gibt es Regeln und Vereinbarungen, die dafür sorgen sollen, dass es zu einem konstruktiven Miteinander kommt. Jede Dienstgemeinschaft braucht so etwas wie eine verbindliche Leitlinie für die Zusammenarbeit.

Wenn wir allerdings mit Ämtern zu tun haben, dann kann die allzu genaue Einhaltung aller Regularien schnell vom Erreichen eines befriedigenden Zieles abhalten. Da können unpraktische Öffnungszeiten und die kleinliche Korrektheit beim Begutachten von Unterlagen und Belegen höchst frustrierend und kontraproduktiv sein.

Hinter einem Dienst nach Vorschrift kann man sich auch gut verstecken, wenn es weniger um Ermöglichung als um Verhinderung von Vorgängen geht. Das penible Einhalten eines genau vorgeschriebenen Ablaufes kann dann durchaus provozierend unfreundlich rüberkommen. Mitunter ist das superkorrekte Einhalten von Verhaltensregeln sogar menschenfeindlich und gottlos.

Das jedenfalls zeigt Jesus mit seiner spektakulären Erzählung vom barmherzigen Samariter. Das ist ein einigermaßen unkonventioneller Notfallhelfer, der sich aber vorbildlich verhält, als es auf dem Weg zwischen Jerusalem und Jericho drauf ankommt.

Die Strecke ist gut 20 Kilometer lang und berühmt-berüchtigt zur damaligen Zeit. Räuberbanden und Wegelagerer haben dort regelmäßig Reisende überfallen.

So auch einen Mann, der einfach nur von A nach B wollte. Er wird niedergeschlagen, ausgeraubt und halb tot liegen gelassen.

Und dann kommen zwei klassische Vorbilder für das Thema „Dienst nach Vorschrift" vorbei.

Es sind sehr fromme Leute, unterwegs zum Tempeldienst nach Jerusalem. Um dort ihren religiösen Dienst ordnungsgemäß verrichten zu können, dürfen sie sich unterwegs nicht verunreinigen. Sie dürfen sich im wahrsten Sinne des Wortes „die Hände nicht schmutzig machen“. Bei allem womöglich empfundenen Mitleid sind sie Profis genug, um sich gegen Erste Hilfe zu entscheiden. Sie können sich nicht um diesen Kummer kümmern, weil sie sonst für den Gottesdienst nicht zugelassen werden. Unrein kommt da keiner rein. Irgendwer wird sich schon noch finden, der helfen kann.

Und so disqualifiziert sich das hauptamtliche Bodenpersonal des lieben Gottes, indem es die Dienstvorschriften höher einordnet als das Gebot der Menschlichkeit.

Dem genügt dann aber ein ganz anderer, ein Ausländer, ein Andersgläubiger, ein Samariter.

Der macht, was in seiner Macht steht, auf jeden Fall kein langes Aufheben. Direkt und ohne Zögern hält er an, verbindet und versorgt und bringt den Verletzten in die nächstgelegene Herberge. Zahlt im Voraus und geht weiter seinen Weg. Im Vorübergehen kommt er seiner Pflicht zu helfen nach.

So kann es kommen, dass wir konzentriert alles richtig und korrekt machen wollen und gleichzeitig und gerade deswegen nach Strich und Faden versagen.

Höchste Zeit, dass wir den Dienst nach Vorschrift in seine Grenzen weisen und dann verabschieden, wenn es Wichtigeres zu tun gibt.

Ich frage mich:
Wie oft habe ich wohl schon die am Boden Liegenden übersehen, weil ich nur Augen für den Himmel hatte?

27. Abschied von falscher Bescheidenheit

Wenn wir als Familie ausnahmsweise einmal irgendwo zum Essen eingeladen waren, dann sollten wir Kinder vorher zu Hause noch schnell ein Butterbrot essen, damit wir bei den Leuten nicht zu heftig zugreifen und schön bescheiden bleiben.

Sich zurückhalten, genügsam sein und zu schätzen wissen, was man hat, das wurde uns unmissverständlich als Tugend beigebracht. Keine Ansprüche zu stellen, sich nichts anzumaßen, das galt es, einzuüben. Wir sollten lernen, ein einfaches Leben zu führen und uns, wenn es sein musste, mit wenig zufriedengeben. Das wurde in meinem frommen Elternhaus mit Hingabe ausgelebt und eingehalten. Bis dahin, dass selbst das Lachen niedrig dosiert zu bleiben hatte.

Und wenn wir einmal sozusagen „aus Versehen" zu herzhaft am Tisch gelacht hatten, dann hörte ich die Erwachsenen nachdenklich und ernst sagen: „Wenn wir das nur mal nicht büßen müssen!"

Protestantisch wie wir waren, sind wir einigermaßen lustlos und genussfeindlich geprägt worden. Schließlich war sogar der Tisch des Herrn in der Kirche stets von betörender Schlichtheit. Mancherorts durften da noch nicht einmal Kerzen stehen, von Blumen ganz abgesehen.

Es sich nicht gar zu gut gehen lassen, war eine stets anzustrebende Grundhaltung. Schließlich hat man das Leben als Kampf verstanden und nur das wertgeschätzt, was auch ein bisschen wehtat. Umsonst gab es schon einmal gar nichts. Und zu viel von etwas war allemal verwerflich.

Mit dieser Grundhaltung ausgestattet, habe ich im Internat die ersten Jahre nur wenige Fleischportionen auf den Teller bekommen und beim Verteilen von Süßigkeiten nur zugeschaut. Es ist mir in Fleisch und Blut übergegangen, dass Bescheidenheit eine Zier ist, die es stets anzustreben gilt. Unverschämtes Zulangen, sich selbst bereichern, seinen eigenen Vorteil suchen war mir zuwider. Und doch habe ich es bei anderen ständig beobachtet und mich gefragt, wie es sein kann, dass die praktizierte Unverschämtheit so unglaublich erfolgreich ist und unbestraft toleriert wird.

Mir selbst nichts zu gönnen, hat mich als Charaktereigenschaft lange verfolgt. Bis dahin, dass ich keine Ansichtskarten aus dem Urlaub nach Hause zu schicken wagte, weil sie unübersehbar dokumentiert hätten, dass ich es mir gerade unverschämt gut gehen lasse, während sie tagein, tagaus hart arbeiten müssen. Mit dieser nachhaltigen Anleitung zum Unglücklichsein unterwegs zu sein ist auf die Dauer zermürbend und einigermaßen spaßfrei.

Irgendwann bin ich in der Bibel auf eine Geschichte gestoßen, die mir diese einseitige Sichtweise auf das Leben schließlich fragwürdig erscheinen ließ.

Jesus ist kurz vor seiner Leidenszeit zu Gast in einem Haus. Er muss ein recht guter Kostgänger gewesen sein. Das Image eines „Fressers und Weinsäufers" muss man sich ja erst einmal hart erarbeiten. Jedenfalls ist er zusammen mit seinen Leuten irgendwo zu Gast, als eine Frau dazu kommt, die sich ihm ungeheuer verschwenderisch zuwendet. Es heißt: „Da nahm Maria ein Pfund Myrrhensalbe, Nardenöl und salbte Jesus die Füße. Dann trocknete sie seine Füße mit ihren Haaren. Der Duft des Salböls erfüllte das ganze Haus."

Daran ist nun aber gar nichts bescheiden. Hier verausgabt sich jemand maßlos und verschwenderisch. Kein Wunder, dass der Einspruch nicht lange auf sich warten lässt.

Ein Jünger jedenfalls, angeblich soll es Judas gewesen sein, bemängelt diesen unvernünftigen und irrationalen Umgang mit diesem Luxusartikel, der mindestens 300 Denare wert zu sein schien. „Das hätte man besser den Armen gegeben!", meint er missmutig.

Jesus sieht das offenbar anders. Er hält viel vom Teilen und Helfen und Füreinanderdasein.

Aber er kann auch das grenzenlose Vergnügen und die Hingabe annehmen und genießen.

Lapidar antwortet er seinem Kritiker: „Arme habt ihr immer bei euch, mich nicht!“

Falsche Bescheidenheit als lebensverneinende und freudlose Zwangshaltung ist eigentlich keine Tugend, sondern ein Handicap, das sich selbst und das ganze Geschenk des Lebens abwertet und nicht wirklich zu schätzen weiß.

Wenn das sogenannte „Doppelgebot der Liebe“ in einem Atemzug die Liebe zum Nächsten wie zu sich selbst propagiert, dann tun wir gut daran, uns nicht in der Hingabe an andere zu verzehren, sondern auch uns selbst Gutes zu tun und gefallen zu lassen, wenn uns jemand unvernünftig großzügig beschenkt.

„Das ist aber jetzt nötig gewesen!“, könnte die neue Antwort darauf sein.

Das auszusprechen übe ich zur Zeit.

Und ich frage mich:

Wie wenig attraktiv und anziehend ist unser Christsein doch wohl, wenn wir es mit demonstrativer Selbstverleugnung und freudloser Askese vorleben?

Wie können wir unser Leben feiern, ohne dass es auf Kosten der anderen geht?

Glaube und Genuss sollten sich nicht ausschließen, oder?

28. Abschied vom vertrauten Dilemma

„Mir gehts gut, ich kann klagen!“

Für manche Leute ist der ganz normale Trubel des Alltages gar keine lästige Schikane, sondern eher ein lieb gewordener Kummer.

Wie oft habe ich in meiner Zuständigkeit als Dekan eines Kirchenbezirkes versucht, Konflikte zu moderieren, Missverständnisse aus der Welt zu schaffen und Streitereien zu schlichten.

Dabei habe ich oft zu spät erst bemerkt, dass sich die Leute an dem Feuer, das ich gerne löschen wollte, wunderbar wärmen und es darum eher schüren als ausgehen lassen wollten.

So manch herzinnige Feindseligkeit ist eben doch nicht nur feindlich, sondern auch ein bisschen selig.

Das vertraute Dilemma kann ganz schön viel Lebensqualität in sich tragen, weil es in die Lage versetzt, chronisch schlecht gelaunt zu sein.

Jammern gehört zum Geschäft. Zufriedenheit und Wohlgefallen sind langweilig und viel zu wenig spektakulär. Es geht nichts über die gepflegte Unpässlichkeit, das gewohnt aufmüpfige Unzufriedensein, die kostbar gepflegte Benachteiligung.

Aus der Position des vermeintlichen Zu-kurz-Kommens lässt sich wunderbar rebellieren und poltern. Aufmerksamkeit bekommen die Leute am meisten, die es verstehen, sich übellaunig vorwurfsvoll zu gebärden und mit Lustgewinn unausstehlich zu sein.

Quälgeister haben die Welt im Griff und beschäftigen ihre Umgebung jeden Tag, ohne an Veränderungen interessiert zu sein. Gut eingerichtet im alltäglichen Defizit, an dem die anderen schuld sind, lässt sich auf die Dauer durchaus leben.

Das zeigt sich auch an einem Musterbeispiel von einem Dauerpatienten mit Abonnement auf Unheilbarkeit, das Jesus einmal am Teich Bethesda getroffen hat.

Das war ein kleines Heilbad, ein Kurort für allerlei Gebrechen.

Und der Mensch mit dem ausgeprägten Talent unablässiger Hilflosigkeit lag dort schon seit Jahr und Tag. Wie gelähmt vor Angst und Schrecken davor, wieder und wieder zu spät zu kommen, wenn Heilsames geschehen könnte.

Denn manchmal bewegte sich das Wasser im Teich wie von Geisterhand, weil es da wohl unterirdische Quellen gab. Und dann, so der Glaube damals, wurden diejenigen gesund, die es als Erste schafften, ins Wasser zu steigen. Aber wer zu spät kam, war eben zu langsam.

Immer haben es all die Jahre nur die anderen geschafft, während sich der eine längst eingerichtet hat in seiner Krankheit. Jesus ist nun ausgerechnet bei ihm vorbeigekommen und hat offenbar, anstatt zu bedauern, forsch und frech gefragt: „Willst du gesund werden?"

„Dann steh auf, nimm dein Bett und geh heim!"

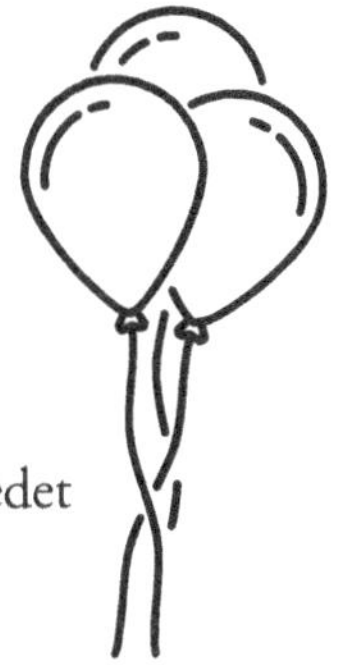

Die Lektion hat wohl gesessen, weil der Betroffene das ewige Nachsehen zu lange hat auf sich sitzen lassen. Sein Leid-Spruch wird wohl gewesen sein: „Mir gehts gut, ich kann klagen!"

Der Abschied von dem vertrauten Dilemma geschieht nicht von allein.

Es ist eine Entscheidung nötig, die sich entschlossen verabschiedet von dem faszinierenden Unheil.

Einfach ist das nicht, aber unbedingt notwendig!

Ich frage mich:

Wie viele Klagelieder habe ich schon gesungen, während mir die Hilfe längst zum Greifen nahe war, ohne dass ich ihr meine Aufmerksamkeit geschenkt hätte?

29. Abschied vom festen Standpunkt

„Wir müssten öfter für möglich halten, dass auch die anderen mal recht haben!"

Diesen bemerkenswerten Satz habe ich von einem jungen Politiker gehört. Es ging um den demokratischen Findungsprozess im Streit der Parteien im Bundestag. Da gehen alle erst einmal davon aus, dass die anderen unrecht haben.

Wir tun uns mitunter schwer, wenn man uns widerspricht, wenn unsere Meinung über Gott und die Welt nicht restlos und unwidersprochen von unserer Umgebung geteilt wird. Es ist ja auch nicht schön, wenn wir mit unserem Standpunkt isoliert dastehen. Umso heftiger und offensiver verteidigen wir ihn dann. Es kommt uns wie eine Schande und allemal wie eine Niederlage vor, wenn es sich herausstellt, dass wir uns in der einen oder anderen Sache doch einmal geirrt haben.

Das ist uns peinlich und soll nicht wieder vorkommen.

Dabei kann es so befreiend und sogar bereichernd sein, wenn sich unsere Meinung plötzlich als nicht mehr haltbar relativiert und wir eine neue Sicht der Dinge bekommen.

Dass eine solche Erfahrung kein Gesichtsverlust und schon gar keine Niederlage darstellt, das macht uns Jesus selber vor in der Begegnung mit einer fremden Frau, die ihm auf einer Auslandsreise begegnet.

Er ist mit seinen Leuten unterwegs und hat es eilig. Da stellt sich ihnen eine sogenannte heidnische Frau in den Weg und bittet Jesus um Hilfe für ihre kranke Tochter. Jesus ist kurz angebunden und sein Stand als Jude gibt ihm dafür auch alles Recht der Welt. Jedenfalls der Welt, wie er sie bis zu diesem Zeitpunkt sieht. Er versteht nämlich seine Rolle als jüdischer Volksgenosse so, dass sein göttlicher Auftrag nur für die eigenen jüdischen Leute gilt.

Wie ein guter Beamter kennt er die Grenzen seines Dienstauftrages genau. Und da ist die Zuwendung zu einer Heidin eben nicht vorgesehen.

Die Frau findet sich damit nicht ab. Sie widerspricht Jesus vehement und fordert seine Aufmerksamkeit ein.

Da wird er einigermaßen unhöflich und schroff und fertigt sie mit der Bemerkung ab, es sei nicht recht, den Kindern das Brot wegzunehmen und es vor die Hunde zu werfen.

Das ist einigermaßen unverschämt – und menschenverachtend ist es auch.

Denn die Kategorie „Hund" ist in diesem Kulturkreis so ziemlich die unterste Schublade.

Die Frau aber lässt sich davon nicht abschrecken. Sie zieht sich nicht etwa beleidigt oder resigniert zurück, sondern sie kontert geschickt, indem sie das von Jesus gewählte diskriminierende Bild vom Hund einfach ihrerseits aufgreift und entgegnet, die Hunde würden schon immer von den Brocken leben, die von ihrer Herren Tische fallen.

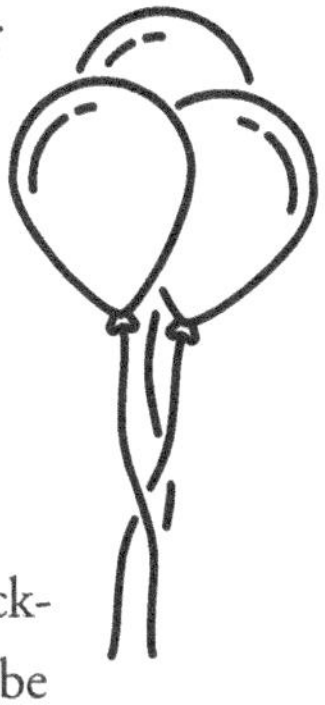

Das bringt Jesus offenbar ins Nachdenken. Augenblicklich verabschiedet er sich von seinem bis dahin für unerschütterlich gehaltenen Standpunkt.

Er wendet sich der Frau nun endlich ehrlich zu und stellt fest:

„Frau, dein Glaube ist groß!"

Er verweigert ihr seine Hilfe nicht länger. Hat er doch augenblicklich erkannt, dass er im Unrecht ist. Dass Gottes Zuneigung und Liebe nicht elitär und exklusiv nur auf das eigene Volk gerichtet ist, sondern grenzenlos allen Menschen gilt.

„Wir sollten öfter für möglich halten, dass auch die anderen mal recht haben!"

Nicht auszudenken, was passieren würde, wenn wir lernen, so mit unseren Standpunkten und fixen Ideen umzugehen.

Wenn wir unseren Irrtum als Gewinn und Horizonterweiterung verstehen würden und so neue Perspektiven gewinnen könnten.

Jesus hat es vorgemacht. Dann kann es so gottlos nicht sein.

Irren ist menschlich. Und menschlich zu sein, wäre manchmal eine gute Idee.

Darum frage ich mich:
Kann ich mir vorstellen, mit meinen gut begründeten Standpunkten in Zukunft so umzugehen, dass ich sie nur für vorläufige Irrtümer halte, solange, bis ich es besser weiß?

30. Abschied von der Logik

Nicht alles, was theologisch ist, ist auch logisch.

Bei Weitem nicht! Im Gegenteil!

Viele Gedanken und Ideen, die Jesus in Umlauf gebracht hat, waren auch einigermaßen verrückt, also weggerückt von der genormten Art und Weise zu denken und zu handeln.

Damit war und ist ausgemacht, dass man als Christ immer auch ein bisschen verrückt sein darf, ja vielleicht muss, um sich von der Alleinherrschaft der Logik zu verabschieden.

Ohne dieses Talent etwas Verrücktes für möglich zu halten, wird man nur schwer klarkommen mit diesem Glauben.

Aber das macht die Sache ja auch so interessant.

Im Grunde wagen wir doch immer dann verrückte Sachen, wenn wir uns so richtig spüren und uns wundern. Und spüren und wundern, das ist doch Leben pur.

Und Leben pur ist wunderbar!

Beispiel gefällig? Gerne! Hier ist es:

Jesus erzählt die verrückte Geschichte von den 99 Schafen. Eigentlich von den 100 Schafen.

Er will damit den Menschen erklären, wie Gott ist. Wie anders, wie sonderbar. Jedenfalls im Umgang mit Logik, Gewinn, Ertrag, Vernunft und Berechnung.

Also:

Einer hat 100 Schafe. Das ist schon eine schöne Herde und gehört zur alltäglichen Kulisse der damaligen Zeit. Ein vertrautes Bild also.

100 Schafe zusammenzuhalten, das ist gar nicht so leicht. Zumal es immer auch schwarze gibt, die verrücktspielen und ausreißen wollen. Und jetzt, sagt Jesus, geht von den 100 tatsächlich eins verloren. Das kommt vor. Ein bisschen Schwund ist immer.

Und 99 sind ja noch da. Kein Grund zur Panik also. 99 Schafe, das ist immer noch eine schöne Zahl. Verrückt nur, dass Jesus nun sagt, der Hirte würde die 99 sich selbst überlassen und sich tatsächlich auf die Suche nach dem einen Einzigen machen. Das Kopfschütteln und Abwinken ist ihm von allen Seiten gewiss.

Denn so viel steht fest:

Kein Mensch, keiner jedenfalls, der sich ernsthaft ein Hirte nennt, würde so etwas Verrücktes machen. Denn das ist weder verantwortungsbewusst noch sachlich angemessen.

Das kann nur jemand sagen, der überhaupt keine Ahnung von Ackerbau und Viehzucht hat.

Mag sein. Jesus ist ja auch ein Zimmermann gewesen.

Und er will keine neue Anleitung für Schäfersleute installieren.

Er will nur sagen:

So ist Gott. So unlogisch, so verrückt!

Ihm geht es immer um den einzelnen Menschen.

Er schreibt kein einziges seiner Schäfchen ab.

Und die, die ihm weglaufen, die mag er besonders!

Dass sich also keiner wundert: Er will die hundert!

Ich frage mich:

Habe ich nicht auch immer dann, wenn ich nicht nur logisch gedacht und gehandelt habe, das Beste erlebt?

Ist Jesu Wertschätzung für jeden Einzelnen von uns nicht wunderbar?

Darf mir dann irgendein Mensch, den ich vermisse, egal sein?

31. Abschied vom „letzten Wort“

„Das ist mein letztes Wort!“

Wenn so etwas gesagt wird, ist irgendetwas definitiv vorbei.

So reden wir nur, wenn wir mit unserer Geduld am Ende sind und wir eine Sache nur noch irgendwie halbwegs anständig zu Ende bringen wollen, ohne uns noch etwas Gutes davon zu versprechen. Ansonsten heißt das letzte Wort: Schluss! Aus! Vorbei!

Wenn etwas nicht klappen will, wenn unsere Mühe vergeblich, alle Anstrengungen umsonst zu sein scheinen, dann geben wir auf und beenden die Sache resigniert.

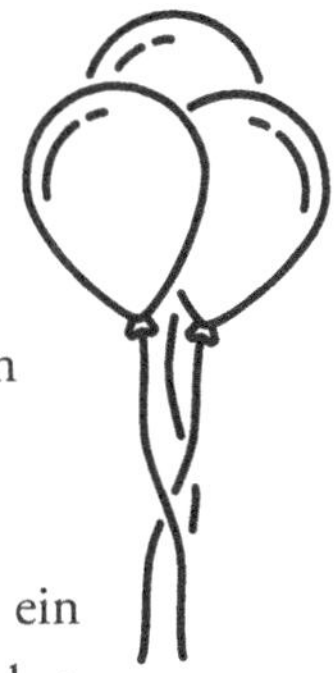

Einmal hat Jesus von einem Ölbaum erzählt.

Der hat seinen Besitzer total enttäuscht, weil er einfach keine Früchte trug.

Jahr um Jahr – Fehlanzeige. Da reicht es dem Besitzer und er beauftragt seinen Gärtner damit, ihn umzuhauen. Weil mit dem Baum einfach nichts anzufangen ist.

Das kennen wir ja auch ganz gut.

Denn im Garten unserer Liebesmüh steht ja auch mindestens ein solcher Feigenbaum, ob in echt oder nur symbolisch. Jeder Mensch hat da seinen ganz eigenen Weinberg, in dem auch so mancher feige Baum rumsteht und vor sich hin astet, ohne dass was dabei herauskommt.

Eltern sind enttäuscht, wenn die Kinder alles anders machen.

Kinder sind enttäuscht, weil ihre Eltern ihnen kein Recht auf eigene Fehler zugestehen.

Partnerschaften zerbrechen, weil man sich gegenseitig am Leben hindert.

Alle Kraft und investierte Aufmerksamkeit gehen ins Leere. Nichts fruchtet.

Aber auch abseits vom Stammbaum passiert jede Menge Frustration, nämlich überall dort, wo Menschen miteinander unterwegs sind, wo es um Bringschuld geht.

Wie oft wird Vertrauen enttäuscht, werden Versprechen nicht gehalten, Absprachen vergessen, Zugesagtes nicht ausgeführt. Da möchte man irgendwann wie die Axt im Wald um sich hauen und abhauen.

Aber Jesus erzählt, dass der Gärtner dem Auftrag widerspricht und zum Baumbesitzer sagt:

„Da ist das letzte Wort noch nicht gesprochen! Gib ihm noch ein Jahr!"

Noch einen letzten Versuch ist es wert. Gnade vor Recht. Spaten statt Axt!

Und in der Zeit der Verschonung will sich der Gärtner kümmern, will düngen und pflegen, fördern und helfen mit seiner ganzen Gärtnerliebe samt grünem Daumen.

Da hört man ja von Weitem schon, wie sich der Feigenbaum einen Ast lacht vor Freude über so viel Unterstützung. Wer möchte da nicht aufblühen und seinen Verhältnissen, Beziehungen, Partnerschaften, Lebenswelten nicht doch noch eine Chance geben.

Jesus hält Gott für so einen nachsichtigen Gärtner im Umgang mit Feigheit aller Art. Er will jedenfalls, dass wir uns von so manchen „letzten Worten" verabschieden und ein weiteres Jahr auf Bewährung zugestehen – bis zur Ernte!

Ich frage mich:

Wie oft habe ich im Laufe meines Lebens eine zweite Chance bekommen?

Wo habe ich womöglich wie die Axt im Walde endgültige Urteile gefällt?

32. Abschied feiern – von der Hierarchie

Abschied gehört zum Leben. Abschied nehmen, das tun wir immer wieder. Jeden Tag.

Von morgens bis abends. Immer wenn wir auseinandergehen, uns aufmachen, in die Schule, an den Arbeitsplatz, aufbrechen zu Terminen und Verabredungen und allerlei Vorhaben.

Da gehen wir weg und brechen auf und verabschieden uns dort, wo wir gerade noch gewesen sind. Jederzeit ist Abschiedszeit. Das geschieht meistens ganz undramatisch, weil es ja ein fester Bestandteil unseres ganz alltäglichen Kommens und Gehens ist.

Natürlich ist da immer wieder auch ein ziemlich durchwachsenes Gefühl dabei, fällt es uns mal leichter, mal schwerer. Je nachdem, wann und wo wir uns zuwinken und unseren Weg gehen. Abschied nehmen ist uns also ganz und gar vertraut. Es ist ein selbstverständlicher Teil unseres Lebensvollzuges rund um die Uhr.

Merkwürdig finde ich jedoch schon immer, dass es sich irgendwie unter uns eingebürgert hat, dass wir sagen, man würde Abschied „feiern".

Denn ich habe selten den Eindruck, dass es sich so anfühlt wie ein Fest.

Was gibt es da zu feiern, Menschenkind?

Trotzdem ist diese Redewendung allgemein verbreitet. Abschied wird gefeiert. Zumindest, wenn es ein besonderer ist, der so nicht alle Tage vorkommt. Wie das dann aussieht, das kann man dann bei Lebensübergängen sehen, wenn jemand zum Beispiel seinen Junggesellenabschied spektakulär feiert oder in den Ruhestand geht. Dann wird tatsächlich Abschied gefeiert. Mit allem, was dazugehört:

Mit viel Essen und Trinken, Geschenken allemal, jeder Menge Reden und Grußworten und mit Kuss und Schluss.

Bei Jesus ist das auch nicht anders gewesen.

Auf seinem Weg ans Kreuz hat er auch seinen Abschied gefeiert mit seinen Leuten.

Auch mit Judas und anderen ziemlich besten Freunden. Und wie hat er das gefeiert?

Er hat einen Raum dafür organisiert. Dort haben sie zusammengesessen und Brot und Wein geteilt. Das berühmte letzte Abendmahl, Sie erinnern sich bestimmt an das Bild von Michelangelo. Und da ist natürlich auch eine bestimme Stimmung gewesen, nehme ich an. Nicht gerade heiter wird es gewesen sein. Aber richtig wichtig. Dabei wird das gemeinsame Essen womöglich noch nicht einmal so spektakulär gewesen sein wie das Verhalten Jesu ganz zu Beginn. Da hat Jesus nämlich seinen Leuten die Füße gewaschen. Und das muss eine unfassbar starke Geste gewesen sein. Obwohl es natürlich ganz normal und üblich gewesen ist, damals.

Ein alltägliches Ritual beim Betreten eines Hauses, so wie wir uns heute zur Begrüßung die Hände reichen. Aber das Fü߀ewaschen hat natürlich die Dienerschaft übernommen und nicht etwa der Hausherr oder Gastgeber persönlich.

Demnach ist es erst recht aus dem Rahmen der Normalität gefallen, dass Jesus sich demonstrativ hinkniet und es selber macht. Beeindruckend für alle muss das gewesen sein. So sehr sogar, dass von Petrus berichtet wird, er habe sich das erst gar nicht gefallen lassen wollen, weil es ganz und gar der Hierarchie widersprach und somit unter der Würde seines Herrn und Meisters zu sein schien.

Wo kommen wir hin, wenn auf einmal oben und unten vertauscht wird und der Herr zum Diener mutiert?

Wir kommen genau da hin, wo uns Jesus unbedingt haben möchte. Seine Vorstellung vom Herrschen heißt Dienen.

Dabei hätte er womöglich allen Grund gehabt, seinen Jüngern statt den Füßen ordentlich den Kopf zu waschen. Schließlich haben sie in diesen schweren Tagen des Abschieds nicht gerade durch Tapferkeit und Glaubensstärke geglänzt.

Aber Jesus feiert seinen Abschied als dienender Freund.

Er setzt damit ein starkes Zeichen dafür, wie wir in seinem Sinne zukünftig miteinander umgehen sollen. Dann wird tatsächlich aus jedem Abschied ein Fest. Ein Fest der Liebe und der Behutsamkeit. Ein Fest der zärtlichen Zuwendung und Nähe. Ein Fest vom Ende jeder demonstrativen Hierarchie und allem Herrschaftsgefälle, das Untertanen braucht, um selber groß zu sein.

Lebendige Gemeinschaft im Geist der Versöhnung folgt auf dem Fuß.

Ich frage mich:

Wann und wo bietet sich mir die Gelegenheit, aus einer Position der Stärke und Überlegenheit auszusteigen und demütig dienend für andere da zu sein? Habe ich Angst, dabei mein Gesicht zu verlieren, oder kann ich ahnen, dass dieses Verhalten für alle ein Gewinn sein wird?

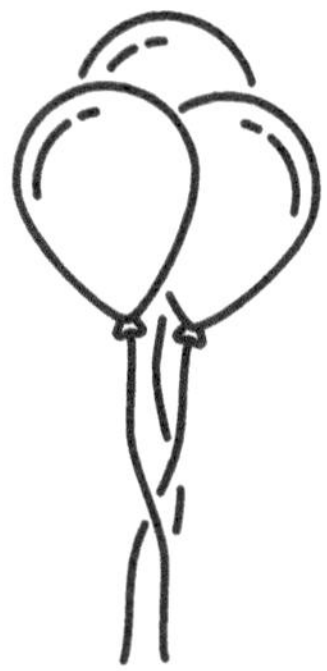

33. Abschied vom „Immer stark sein"

Wenn wir Abschied nehmen, dann dürfen wir auch einmal schwach werden. Da muss man sich nicht mit aller Macht zusammenreißen und so tun, als sei das alles kein Problem. Schließlich gehen wir bei jedem Abschied von etwas weg, was bis dahin zu uns gehört hat, wir lassen etwas los, was ein vertrauter Teil unseres Lebens gewesen ist. Also hat jeder Abschied auch Platz für starke Schwächen. Es ist die Gelegenheit, ein Missverständnis aus der Welt zu schaffen, das da behauptet, es sei ein schwaches Bild, das wir abgeben, wenn wir aufhören, stark zu sein. Mitunter gehört eine große Portion Mut und Energie gerade dazu, der Schwäche gebührend Platz einzuräumen.

Ich staune immer wieder, wenn ich in der Bibel lese, wie Jesus sich bei seinem Abschied von seinen Freunden verhält. Da ziehen sie sich zusammen zurück, nachdem sie den Abschied gemeinsam beim Abendmahl gefeiert haben. Sie gehen in den berühmten Garten Gethsemane und sind ganz unter sich. Schwäche sucht den Schutz der Vertrautheit und meidet die Öffentlichkeit ganz bewusst.

Wer seiner Schwäche Platz macht, steht nicht länger auf dem Balkon des Lebens, sondern den zieht es eher ins stille Kämmerlein.

Die Bibel erzählt davon ganz eindrucksvoll, wie Jesus dann auf einmal nicht mehr der starke Mann ist, der jederzeit helfen und heilen und wunderbar predigen kann. So kennen ihn alle. So ist er seinen Leuten wohl vertraut. Aber jetzt, wo es drangeht, Abschied zu nehmen, da lässt er zu, dass alle ihn sehen, wie er ängstlich und verzagt wird.

„Ich bin betrübt bis in den Tod!", sagt er verzweifelt ehrlich. „Bleibt bitte hier bei mir, unbedingt, und wacht mit mir!"

Alle können sehen und spüren, wie ihr Herr und Meister in die Knie geht und anfängt, um Fassung zu ringen.

Wenn etwas aufhört, was schön war und angenehm – und etwas

kommt, was unheimlich irritiert und bestimmt wehtun wird, dann ist es erlaubt, ist es menschlich, ist es angemessen, keine Kraft mehr damit zu vergeuden, die souveräne Fassade aufrechtzuerhalten.

Jesus hat es vorgemacht. Im kleinen Kreis dürfen wir uns wie er einander zumuten mit all unserer Verzagtheit und bitteren Not. Wenn es drauf ankommt, dann dürfen wir unsere Grenzen zeigen und respektieren. Niemand muss nur tapfer und ungerührt heldenhaft schwere Abschiedswege gehen. Scheiden tut weh. Und das zu teilen und einander zuzumuten, das macht unser Menschsein so echt.

Wenn Jesus bittere Tränen weint, dann dürfen wir das auch. Abschiedstränen sind die Perlen der Vertrautheit. Sie sind unendlich wertvoll. Sie befreien von der Tyrannei der Selbstüberschätzung und machen den Weg frei für den ungeschützten Blick auf unsere Seelennot.

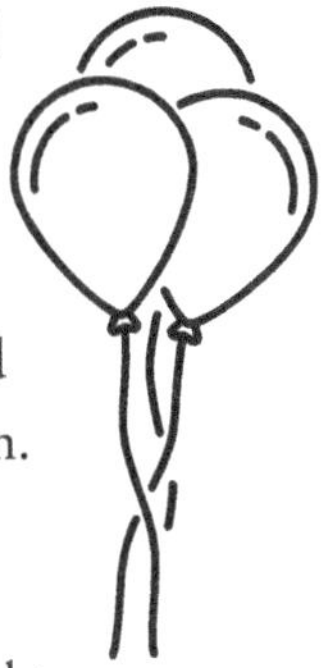

Auch da geht uns Jesus vorbildlich voran. Er ist stark genug, andere in sein Herz schauen zu lassen, seiner Schwäche gebührend Achtung zu schenken und sie mit seinen Herzensmenschen zu teilen.

Da frage ich mich:

Wie kann ich mich in Zukunft besser mit dem Gefühl der Ohnmacht und den Grenzen meiner Kraft anfreunden, sodass ich mit mir und meiner Umgebung ehrlich umgehe?

Wie viel lebenswerte Gemeinschaft und Ermutigung steckt womöglich im Verzicht auf das ruinöse Festhalten an dem Schein meiner Unerschütterlichkeit?

34. Abschied von den „Schön-Wetter-Freunden“

Ein Abschied kann auch sehr ernüchternd sein. Wenn Kummer und Leid sich in unser Leben drängen, wenn wir in die Trauer fallen, wenn uns die Kräfte und der Mut verlassen, dann tun das oft auch die Menschen um uns herum. Sie verlassen uns und bringen sich in Sicherheit.

Auch die, mit denen wir uns bis eben noch in herzlicher Freundschaft verbunden gefühlt haben.

Wenn schwere Zeiten kommen, lichtet sich das Feld. Trennt sich die Spreu vom Weizen.

Trauernde müssen erleben, wie auf einmal ehemals vertraute Weggefährten bei zufälligen Begegnungen die Straßenseite wechseln, um aus dem Weg zu gehen und ein Aufeinandertreffen zu vermeiden. Es ist offenbar viel schwerer, einander in schwierigen Lebenslagen nahe zu sein und zu bleiben, als in unbeschwerter Lebenslust, wenn alles rosarot erscheint. Viele Menschen machen diese bittere Erfahrung, dass die Freundschaften weniger werden, wenn böse Tage kommen.

Jesus ist es genauso ergangen. In seiner Not auf dem Weg ans Kreuz sind sie ihm alle davongelaufen. Schon zuvor im Garten Gethsemane, als ihm auf einmal himmelangst geworden ist, sind sie vor lauter Müdigkeit eingeschlafen, waren sie offensichtlich hoffnungslos überfordert.

Und später dann, als Jesus tatsächlich verhaftet und abgeführt worden ist, als sein Leidensweg unübersehbar begonnen hat, da haben sie alle die Flucht ergriffen.

Von wegen: „Freunde in der Not …“ Das ist bitter. Abschied kann sehr ernüchternd sein.

Und wir fragen: Wo sind die Menschen, auf die ich mich verlassen kann, wenn ich selber verlassen bin? Wer bleibt bei mir, wenn alle gehen?

Wem kann ich zutrauen und zumuten, meine Nähe in der Verzagtheit zu ertragen und mit anzusehen?

Mich beeindruckt immer wieder der Auftritt eines einzelnen Mannes, der nach biblischem Bericht inmitten seiner Schwäche auf Jesus trifft und ihm beisteht. Simon heißt er. Er ist kein Freund. Wahrscheinlich hat er Jesus gar nicht gekannt. Er ist einfach ein Mensch. Nicht mehr und nicht weniger. Er kommt von seinem Feld. Ist auf dem Heimweg nach getaner Arbeit. Völlig unbedarft trifft er auf die Leute, die Jesus zur Kreuzigung auf den Hügel Golgatha führen. Und er sieht, wie Jesus unter seinem Kreuz zusammenbricht. Ohne genau zu wissen, was da gerade im Gange ist, wer da nicht mehr Kraft genug hat, sein Kreuz zu tragen, sieht er hin, ist er da, nimmt Jesus das Kreuz bereitwillig ab und trägt es für ihn. Das ist es, was wir schlichtweg menschlich nennen, wenn uns unterwegs auf unerträglichem Weg jemand sieht und kommt und hilft.

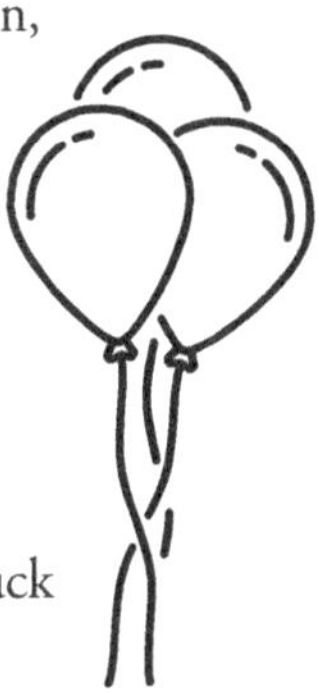

Da frage ich mich:
Wo kann ich vielleicht jemandem unter die Arme greifen und ein Stück weit aufhelfen, seinen zu schwer gewordenen Weg weiterzugehen?

35. Abschied von der Gewalt

Nicht alles, was man gerne verabschieden möchte, wird man auch los.

Das Schwert zum Beispiel. Die Gewalt. Die Waffen. Den Krieg. Die Feindseligkeit.

Eigentlich hat Jesus sie endgültig aus der Welt schaffen wollen.

Sein Abschied von der Gewalt ist gewaltig. Das ist am Abend seiner Verhaftung geschehen.

Die Bibel erzählt davon, so spannend sie kann:

Soldaten und feindselige Gesellen sind mit Schwertern und Spießen unterwegs auf der Suche nach Jesus. Unter ihnen Judas, sein abtrünniger Freund. Der will ihn an die Meute verraten.

In einem verhängnisvollen Anflug von enttäuschter Liebe und unbändigem Trotz setzt er alles auf eine Karte. Womöglich hat er sogar gehofft, Jesus würde sich schon zu wehren wissen und endlich zuschlagen mit seiner ganzen Himmelsmacht.

„Wen ich küsse, der ists!“, hat er gesagt.

Kaum dass Jesus so erkannt worden ist und man sich anschickt, ihn zu verhaften, da zieht einer seiner Anhänger spontan das Schwert und haut einem Soldaten ein Ohr ab.

Jesus schreitet sofort ein und sagt: „Steck das Schwert weg. Wer das Schwert nimmt, wird durch das Schwert umkommen!“

Das ist der Augenblick der ultimativen Abrüstung.

Da hat Jesus eigentlich ein für alle Mal klargemacht, dass Gewalt um Gottes willen keine Lösung ist, sondern das Problem. Dass Schwerter besser zu Pflugscharen umgeschmiedet werden sollten.

Aber dieser Abschied wurde nie vollzogen.

Nie hat die Welt aufgehört, das Schwert zu ziehen. Immerzu hat Krieg geherrscht wie ein unvermeidliches Schicksal, vor dem es kein Entrinnen gibt.

Trotz mancher Verschonmomente der Geschichte, Waffen hat es immer in Unmengen gegeben. Und sie sind bis heute im Einsatz.

Ja, man könnte sogar den Eindruck gewinnen, dass wir gerade wieder verstärkt dabei sind, eher Kriegstüchtigkeit anzustreben als friedenstüchtig werden zu wollen. Waffen sind gerade wieder das schlagende Argument.

Den Widerspruch Jesu gegen den Einsatz von Gewalt mag heute niemand wirklich hören.

Er scheint einfach ganz und gar untauglich für diese Welt und ihre Zerwürfnisse zu sein und wird gnadenlos ausgemustert.

Tendenziell pazifistische Gesinnung gibt sich hoffnungslos der Lächerlichkeit preis. In dieser Welt scheint kein Platz für Gewaltverzicht und Friedfertigkeit zu sein. Wer es wagt, davon zu reden als christlichem Gebot der Stunde, hat sich schon disqualifiziert, ehe er den Gedanken zu Ende gedacht oder gar ausgesprochen hat.

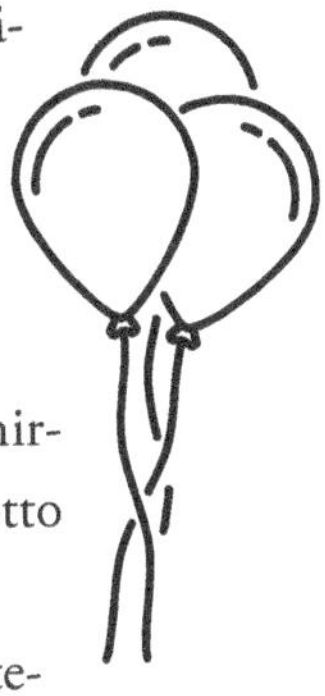

Friedensstiftende und konfliktentschärfende Lösungen sind nirgendwo wirklich in Sicht. Frieden schaffen ohne Waffen – das Motto von gestern.

Und so ist der Abschied vom Schwert verschoben – bis auf Weiteres.

Da frage ich mich:
Wann wird man je verstehn? Wann wird man je verstehn?

36. Abschied vom „lieben Gott"

Es gibt auch den Abschied von Gott.

Dem lieben Gott.

Dem, der es uns doch schuldig ist, uns vor allem Bösen zu bewahren.

Der hoch und heilig versprochen hat, dass wir in seiner Nähe geschätzt und sicher sind vor allen Gefahren. Diesen lieben Gott verlieren Menschen oftmals, wenn ihnen großes Leid geschieht.

Das ist manchmal ein Abschied auf Raten. Er vollzieht sich schleichend.

Wenn das Unglück und die Angst, wenn Krankheit oder Tod gar zu heftig über jemanden herfallen, dann reißt oft die Verbindung zu Gott ab. Er ist plötzlich nicht mehr zu spüren.

An ihn zu glauben, scheint unmöglich. Er ist ja nicht da, wenn man ihn braucht.

So passiert auch der Abschied von Gott. Dem fernen, dem, der nicht aufzuspüren ist.

Das ist sogar Jesus passiert.

Ausgerechnet ihm.

Sein Weg ans Kreuz führte ihn am Ende so weit weg von seinem himmlischen Vater, dass er sich die Seele aus dem Leib schreien musste, als er am Kreuz auf Golgatha rief: „Mein Gott, mein Gott, warum hast du mich verlassen?"

Jesus wurde Gott los.

Unfassbar, aber wahr!

Wie niemand zuvor hat er Gottes Nähe aufgespürt und weitergesagt.

Wie niemand sonst konnte er Gottes Liebe und Wärme zeigen.

Menschen wurden dadurch gesund und froh an Leib und Seele.

Durch seine unglaubliche Ausstrahlung, seine gottvolle, behutsame, glaubwürdige Art, sich in Gottes Nähe zu tasten.

Und jetzt, am Ende so ein bitterschmerzliches Vermissen jedweder Gotteskraft. Von Gott verlassen fühlt sich Jesus im Leid.

Wie sollten wir Menschen also davon verschont bleiben, wenn es selbst dem Gottessohn und Menschenfreund nicht erspart blieb.

Es ist ein Teil unserer Beziehung zu Gott, dass sie uns verloren gehen kann, dass sie uns abhandenkommt, dass er sich uns zu entziehen scheint, dass wir Gott nicht mehr spüren, weit und breit – Gottlosigkeit!

Von Gott verlassen zu sein, ist auch eine Art Gott zu erleben. Nämlich nicht! Nicht mehr!

Gar nichts mehr von seinem bewahrenden Segen.

Dann hat er für uns plötzlich aufgehört, der liebe Gott zu sein.

Dann sind wir ohne jeden Schimmer von Hoffnung im finsteren Tal unterwegs.

Wie Jesus.

Es gibt den verlorenen Gott.

Das ist wahr.

Da bleibt nur übrig, sich in diesen Schrei nach IHM zu stürzen, Jesus hinterher.

Schon Generationen vor uns haben das gespürt und wussten mindestens ein Lied davon zu singen.

„So nimm denn meine Hände …“

An einer Stelle heißt es darin:

„Wenn ich auch gar nichts fühle von deiner Macht,
du bringst mich doch zum Ziele,
auch durch die Nacht!“

Ich frage mich:

Wann habe ich mir jemals klar gemacht, dass selbst Jesus einmal die Verbindung zu Gott verloren hat?

Wie sehr kann ich also davon ausgehen, dass er mich in jedem Fall versteht, wenn ich mehr Zweifel als Vertrauen habe?

37. Abschied von purer Selbstbestimmung

Jedes Kind will seinen Willen durchsetzen. Willensstark sein, das gehört zur überlebenswichtigen Grundvoraussetzung gelingenden Lebens. Wer weiß, was er will, dem begegnet man mit Respekt. Willenlos sein, ist ein Zeichen für Schwäche und Lebensangst.

Ein starker Wille macht Eindruck, sorgt für Durchsetzungsvermögen und hilft bei der Selbstverwirklichung. Das ist unter uns ausgemacht und anerkannt und positiv markiert.

Wir bringen es angeblich nur dann zu etwas, wenn wir mit gehörigem Selbstbewusstsein auf die Durchsetzung unserer eigenen Vorstellungen und Wünsche pochen. Aufstiegschancen und Führungsansprüche hängen ganz davon ab, ob jemand sich zu behaupten weiß, womöglich auch und gerade gegen den Willen anderer Mitstreiter.

Oft funktioniert dieses Schema ja auch. In Familie und Beruf wird das Modell gerne genutzt, um Selbstzufriedenheit und Erfolg zu erleben.

Trotzdem kommen wir alle in Situationen, wo wir mit unserer Willensstärke an Grenzen geraten. Da kann es mit der Lebensplanung eng werden, wenn die Erwartungen und Wünsche sich als unerreichbar erweisen und Lebensträume sich einfach nicht erfüllen lassen.

Diese Grenzerfahrung macht auch Jesus in aller Härte und Konsequenz. Wenn wir uns die dramatische Geschichte seines Ringens im Garten Gethsemane anschauen, wird das ganz klar.

Jesus will, wie wir alle möglichst verschont bleiben von Leid und Schmerz. Im Hinblick auf den „bitteren Kelch des Leids“ bittet er seinen himmlischen Vater zuallererst nur um eins: Dass er ihn nicht trinken muss.

„Lass diesen Kelch an mir vorübergehen!“ Um Himmels willen, bitte nicht! Bitte nicht ich. Nicht jetzt! Nicht so. Und auch nicht anders!

Wer von uns will sich denn freiwillig in Schmerz und Leid stürzen und bösen Mächten aussetzen, die uns ums Leben bringen wollen? Niemand will das. Jesus auch nicht.

Auch da ist er uns nah und ähnlich und darum so ungeheuer wertvoll als glaubwürdiger Freund und Begleiter. Aber dann stellt sich im fortwährenden quälenden Verhandeln mit Gott doch heraus, dass es womöglich zwei konträre Willen gibt im Garten der Anfechtung. Nämlich den Willen Jesu mit der Hoffnung auf Verschonung. Und den Willen Gottes, der ihm den Weg durch Leid und Schmerz zumutet bis zum bitteren Ende am Kreuz.

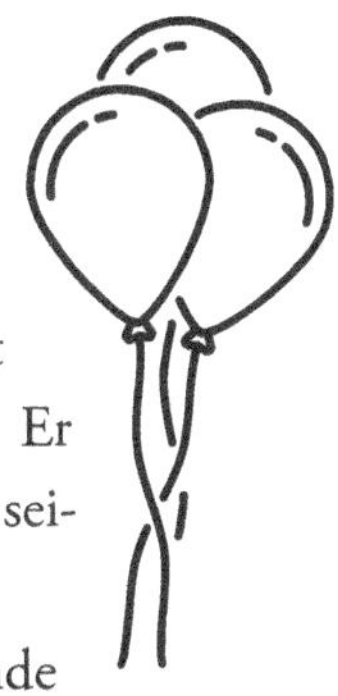

Und da kommt es zur todernsten Konfrontation. Da prallen zwei unvereinbare Absichten brutal aufeinander. Und es passiert tatsächlich das unfassbare Preisgeben des eigenen Willens. Das bedeutet keineswegs, dass es ihn nicht mehr gibt. Jesus kapituliert nicht komplett, indem er seinen Willen annulliert und verwirft. Er ringt sich aber durch zu einer Hingabe an Gottes Willen, der dem seinen zwar widerspricht, aber darübersteht.

„Nicht mein, sondern dein Wille geschehe!“, sagt Jesus am Ende des Kampfes.

Er verabschiedet sich von der Priorität seines Willens und ordnet sich unter den Willen seines Vaters im Himmel.

Schon im Vaterunser, das er zuvor seinen Jüngern als Gebet für alle Zeiten gegeben hat, kommt das genauso vor. „Dein Wille geschehe wie im Himmel so auf Erden!“, heißt es da.

Diese Passage mitzusprechen, fällt uns immer dann sehr schwer, wenn wir in unserem eigenen Gethsemane am Boden liegen und um Verschonung bitten.

„Um Gottes willen Nein!“ sagen wir dann und werden doch am Ende mit Jesus lernen müssen, wie es geht, wenn es gegen unseren Willen geht und wir den Kelch annehmen müssen.

Wir werden nicht immer unseren Willen durchsetzen können.

Es wird immer und überall Situationen geben, wo wir uns zurücknehmen und zugestehen müssen, dass es gegen unseren Willen mit uns so weitergeht, wie wir es nie hätten haben wollen.

Das gehört zur Wahrheit im Umgang mit unserem starken Selbstbehauptungstalent.

Im Himmel und auf Erden wird sich Gottes Wille für uns und unsere Welt durchsetzen.

Jesus weiß das. Und wir jetzt auch.

Da frage ich mich:

Möchte Gott mich als einen willenlos Untergebenen haben, der sich in alles fügt, was ihm zugemutet und angetan wird?

Wie kann ich damit umgehen, dass er meinem Willen nicht nachgibt?

Bin ich von ihm entmündigt, oder weiß er es besser, was für mich gut ist?

Immerhin weiß Jesus, wie sich das anfühlt.

Und doch bleibt das ein Rätsel, oder?

38. Abschied vom Grab

Das Grab wird auch die letzte Ruhestätte genannt. Viele Menschen überlegen sich ab einem gewissen Alter schon, wo sie einmal begraben werden wollen.

Das Sprichwort sagt: „Der kluge Mann baut vor!"

Und wenn es zur biblischen Klugheit gehört, auch an das Ende zu denken, dann bauen der kluge Mann und die kluge Frau vor ihrem Tod ein Grab.

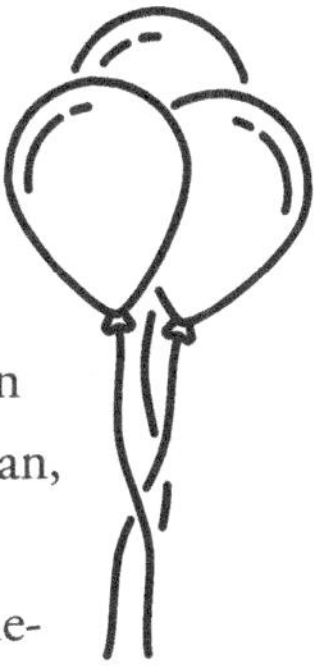

Die Bibel berichtet von einem wohl recht betuchten Mann mit Namen Josef von Arimathia. Der war nicht nur ein Sympathisant Jesu und ein Befürworter seiner Botschaft, sondern er war auch klug genug, rechtzeitig ein Felsengrab für sich zu erwerben. Als er nun vom Tod und Sterben seines Freundes hört, entschließt er sich spontan, Jesus sein Grab zur Verfügung zu stellen.

Und tatsächlich findet der Leichnam Jesu dort seine letzte Ruhestätte.

Es dürfte eher ungewöhnlich gewesen sein, dass es zu einem solchen Grab-Verleih gekommen ist. Josef verabschiedet sich aber von seinem Grab, weil er will, dass Jesus würdig beerdigt wird. Und natürlich konnte er nie und nimmer davon ausgehen, dass dieser Abschied nur vorläufig sein würde. Es war ja nicht unbedingt damit zu rechnen, dass man ein ausgeliehenes Grab wieder zurückbekommt. Das Felsengrab jedenfalls war jetzt belegt und versiegelt und bewacht. Das Grab als Endstation sollte unangetastet bleiben und die Totenruhe gewahrt.

Trotzdem kommen die Frauen am Ostermorgen dahin, um Jesus zu besuchen, und finden ein leeres Grab vor, das sie zu Tode erschreckt. Engelsgestalten erscheinen ihnen mit der unfassbaren Botschaft, er sei nicht mehr hier, er sei auferstanden.

Die Frauen rennen davon vor lauter Aufregung und Schreck.

Was sie den anderen hinterbliebenen Freundinnen und Freunden Jesu dann von dem leeren Grab erzählen, ist so unglaublich, dass es manche nicht daran hindert, endgültig zu resignieren und sich dahin zurückzuziehen, wo sie vor dem öffentlichen Auftreten Jesu gewesen sind.

Wie sollte das möglich sein, dass jemand gestorben und begraben ist und dann wieder aussteigt aus der Endgültigkeit des Todes. Josef von Arimathia jedenfalls bekommt sein ausgeliehenes Grab wieder zurück, von dem er sich bereitwillig verabschiedet hat.

Jetzt steht es wieder für seine eigene Beerdigung zur Verfügung.

Und es dürfte das erste und einzige Grab sein, das sozusagen schon benutzt auf Zeit wie ein Pfand wieder abgegeben worden ist.

Denn nun hat sich Jesus mit Gottes allmächtiger Schöpfungskraft seinerseits von seinem Grabplatz verabschiedet. Mit diesem ungewöhnlichen Umzug hatte nun wirklich niemand rechnen können. Und er ist uns ein Rätsel bis heute.

Unsere Gräber als nur vorläufige Ruhestätten, die nur darauf warten, dass Gottes ewige Zeit für alle Toten und Lebendigen beginnt.

Dieses Mysterium gehört zweifelsohne zu den atemberaubendsten Teilen unseres Glaubens, wenn wir immer wieder bekennen und am Ende sprechen:

„Ich glaube an … die Auferstehung der Toten und das ewige Leben."

Da frage ich mich:

Ist das leere Grab von Ostern tatsächlich der Triumph des Lebens über den Tod?

Sollte Gottes Plan für unser Leben tatsächlich über diese vermeintlich „letzte Station" hinaus weiterführen?

Wird sich am Ende herausstellen, dass unsere Gräber nur die Dunkelkammern sind, in denen Gott sein neues Bild von uns entwickelt?

Jesus jedenfalls konnte darin nicht eingesperrt werden.

Ein Grund mehr, ihm nachzufolgen, oder?

39. Abschied von der Steinzeit

Ich bin einer der Letzten gewesen, als ich zur Feier der Osternacht die Kirche betrat.

An der Tür bekam ich einen Stein in die Hand. Wortlos. Einen großen Kieselstein.

Mit ihm und dem Gesangbuch habe ich mir einen Platz gesucht.

Da habe ich gesehen, dass alle einen Stein hatten. In den Händen, auf dem Schoß liegend, neben sich auf der Bank. Wem sie einen kleineren handlichen gegeben hatten, die konnten ihn vor sich auf die Ablage platzieren. Aber da lagen sie ziemlich gefährlich. Immer wieder hörte man im Kirchenraum auch einen auf den Boden fallen. Die Steinzeit war hörbar unter uns. Lästig ist er mir schon auch gewesen. Wohin mit dem Ding?

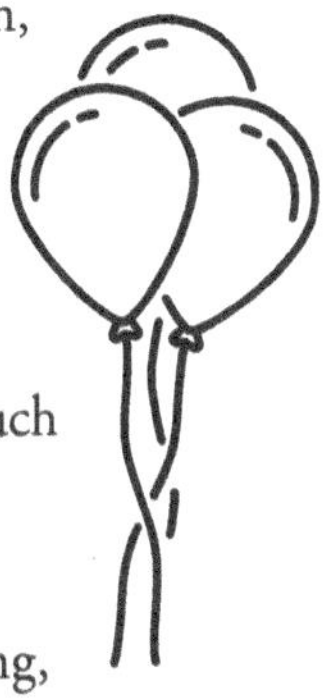

Und was soll das überhaupt?

Nun gut, es wurde bald klar, dass es thematisch um Steine ging, denn das angesagte Motto hieß: „Wer wälzt uns den Stein von des Grabes Tür?“

Es ging also um die Frage der Frauen, die sie auf dem Weg zum Grab am Ostermorgen nachdenklich stimmt. Noch wissen sie ja nicht, welche Überraschung auf sie wartet.

Beeindruckend wurden nun die vielen Steine thematisiert, die den Mitbeteiligten an der Leidensgeschichte Jesu auf den Herzen gelegen haben müssen: Dem Judas mit seinem Verrat. Dem Petrus mit seiner Verleugnung. Dem Pilatus mit seinem Wankelmut. Dem Barabbas mit seiner Amnestie. Dem Simon mit seiner tragenden Rolle.

Der Maria mit ihrem Mutterherz, uns allen mit unserem Grabstein irgendwann …

Das gemeinsam gesungene Kyrie zwischen den einzelnen Texten klang von Mal zu Mal intensiver.

Und schließlich wurde zum Abendmahl übergeleitet. Und das war wirklich sehr beeindruckend.

Ich habe noch genau in Erinnerung, was uns da gesagt wurde. Zumindest sinngemäß.

Den ersten Satz weiß ich noch sicher. Er hieß: „Die Steinzeit soll zu Ende sein! Die Steinzeit unserer Herzen!" Und dann wurde uns erklärt, dass allen an diesem Abend mindestens ein Stein vom Herzen fallen soll, dass wir ihn loswerden dürfen, dass wir ihn abgeben, austauschen.

Frei nach dem biblischen Motto: „Alle eure Sorge werfet auf ihn, denn er sorgt für euch!"

Es wurde eindrucksvoll thematisiert, dass die Entsorgung unserer Altlasten eines unserer größten Probleme darstellt. Dass wir, was diese lästige Ansammlung von schwierigen Lebenserfahrungen anbelangt, wirklich „steinreich" sind.

Dass wir aber beim Abendmahl zum Umtausch aufgerufen sind:

Steine gegen Brot, Hoffnung gegen Verzagen.

Auf jeden Fall sollte niemand von uns den Stein mit nach Hause nehmen.

Wir sollten es unbedingt nicht beim Beklagen der Lasten belassen, um sie dann wieder in die andere Hosentasche zu stecken und uns weiter davon nach unten ziehen zu lassen.

Die Entlastung sei nur einen Steinwurf weit entfernt. Und wer seinen Stein ablegt, hätte dann endlich die Hände frei, um das Brot des Lebens entgegenzunehmen.

Was dann folgte, war eine sehr würdevolle und stille Prozession zum Altar. Dort angekommen legten wir die Steine in dafür vorbereitete Körbe und hielten unsere leeren Hände offen hin, um das Brot zu empfangen und den Wein.

Der Chor sang dazu:

„Wir tauschen aus, wir tauschen ein, statt Angst die Kraft aus Brot und Wein.

Ein Stück von mir, ein Stück von dir.
Gemeinsam lasst uns Zeichen sein!
Wir tragen aus, wir tragen ein, die Liebe neu ins Herz aus Stein.
Ein Stück in mir, ein Stück in dir ist hoffnungsvoll,
wird Hilfe sein.
Wir stehen auf, wir stehen ein
in dieser Welt für Groß und Klein.
Ein Stück zu mir, ein Stück zu dir,
geborgen sind wir, nicht allein!"

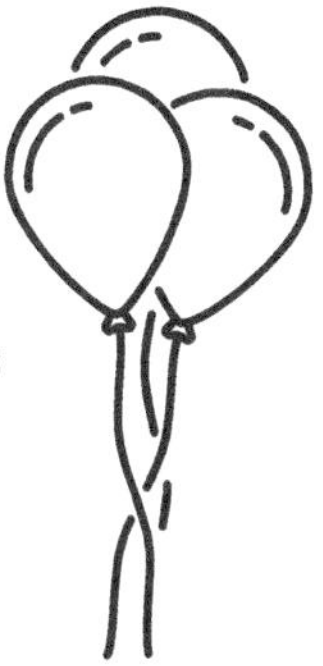

Ich frage mich:
Wann habe ich zuletzt tatsächlich meine lange gesammelten Lasten einfach bei Gott abgelegt, um die Hände frei zu haben für das Geschenk des Lebens? Wann ist der nächste Umtauschtag?

40. Abschied vom Schwarzsehen

Seit ich mehr Zeit und Ruhe habe, Zeitung zu lesen, starte ich immer nachdenklicher in den Tag. Und wenn dann am Abend die Tagesthemen mir das ganze Elend und den anhaltenden Unfrieden der ganzen Welt in mein Wohnzimmer kippen, gerate ich in Atemnot und ringe um Hoffnung.

Es hat wahrscheinlich schon immer Grund genug gegeben, alles schwarzzusehen. Aber zurzeit erscheint mir der Zustand unserer von Hunger, Krieg und Elend gebeutelten Welt abgründiger denn je. Entsprechend bedrückt und pessimistisch ist auch die Stimmung um uns herum. Ich nehme gerade eine zähe Atmosphäre zunehmender Niedergeschlagenheit in unserer Gesellschaft wahr. Sie breitet sich offenbar unaufhaltsam aus und führt zu einer unbändigen Wucht an Missmut und Unzufriedenheit.

Wer sich dagegen aufbäumt, bekommt prompt einen Dämpfer verpasst und wird für einen hoffnungslosen Visionär gehalten, der bekanntlich (so Helmut Schmidt seinerzeit) besser heute als morgen zum Arzt gehen sollte.

Um sich greift gerade ein allgemeines Übereinkommen, dass es wohl am besten sei für uns alle, angesichts der niederschmetternden Nachrichtenlage endgültig den Kopf hängen zu lassen und den Weltuntergang zu erwarten.

Der Klimawandel ist nicht nur meteorologisch, sondern allumfassend überall. Er zieht als miese Krise durch alle Räume und Träume und Köpfe und Herzen. Es ist mittlerweile ganz und gar unpopulär und schwer, irgendetwas Positives zu sagen – und sei es aus Versehen.

Mir kommt es so vor, als habe uns irgendjemand strikt verboten, aufrecht zu gehen.

Das unausgesprochene Gebot der Stunde heißt, sich wegducken und nur noch resigniert auf das böse Ende zu warten. Kein Lichtblick, kein Hoffnungsschimmer, nur noch Leidenschaft.

Der aufrechte Gang eines trotzigen Glaubens ist wohl vom Aussterben bedroht.

Die meisten glauben inzwischen tatsächlich einigermaßen zweifellos, dass der Himmel grau ist. Schwarzzusehen ist die einzige Übereinkunft, die im Augenblick noch mehrheitsfähig scheint.

Ich habe schon lange niemanden mehr lautstark „KOPF HOCH!“, rufen hören. Und doch wäre dies die einzig wahre Botschaft, die zumindest vonseiten der Christenheit in Umlauf gebracht werden könnte. Der Einspruch gegen die sich ausbreitende Untergangsstimmung wäre doch längst als Credo gegen das jüngste Gerücht vom unaufhaltsamen Ende angesagt.

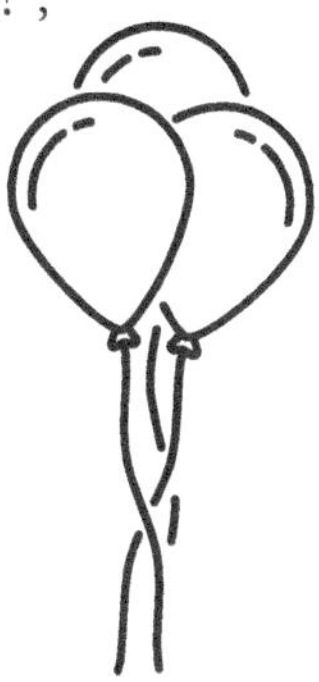

„Nun aufwärts froh den Blick gewandt und vorwärts fest den Schritt. Wir gehn an unseres Meisters Hand und unser Herr geht mit!“

Das Gesangbuchlied hat August Hermann Franke 1889 geschrieben.

Es ist die alte und neue Aufforderung an uns Christenmenschen, den Blick zu heben und sich gegenseitig endlich „das Blaue vom Himmel“ zu versprechen. Schon immer hat Gott seine Leute zum himmelweiten Ausblick aufgefordert. Einen Abraham zum Beispiel ließ er hinsichtlich einigermaßen aussichtsloser Zukunftsperspektiven intensiv zum Himmel aufschauen – mit der spannenden Frage: „Weißt du, wie viel Sternlein stehen …?“

Da hat er angefangen, mit allem Zahllosen zu rechnen, sogar mit Zukunft und Hoffnung für sein Leben.

Oder denken wir nur an die drei Sterndeuter von Weihnachten. Die lesen und interpretieren doch die Zeichensprache des Himmels richtungsweisend und finden nur so zum Kind in der Krippe. Hätten sie die Köpfe hängen lassen, wäre der Stall nie vor ihren Augen aufgetaucht.

Den Himmel auf Erden finden wir nur, wenn wir danach Ausschau halten, uns recken und strecken und auf den Zehenspitzen der Zuversicht stehen.

Denn unsere Hilfe kommt doch noch immer von dem HERRN, der Himmel und Erde gemacht hat!

Wann also fangen wir endlich an, uns das Blaue vom Himmel zu versprechen und die Tyrannei der hängenden Köpfe ein für alle Mal zu verabschieden.

Gegen den allgemeinen Trend entziehen wir uns jetzt der unsäglichen Anziehungskraft des Niedergangs und richten uns auf zur Unbeugsamkeit eines unglaublichen Glaubens, der sagt: „Steht endlich auf, erhebt eure Häupter, weil sich eure Erlösung naht!"

Der Himmel ist blau! Versprochen!

Ich frage mich:

Wie kann ich meinen Teil dazu beitragen, dass es sich herumspricht, dass sich der Glaube an Gott und der Pessimismus der Welt nicht auf Dauer miteinander vertragen?

Wo kann ich Zuversicht und Gottvertrauen in Umlauf bringen?

41. Abschied von der Ausweglosigkeit

Ein Mann kommt aus der Kneipe. Er hat viel getrunken und will jetzt endlich nach Hause.

Auf dem Heimweg begegnet er einer Litfaßsäule. Sie steht so wunderbar mitten im Weg, sodass der Betrunkene sie direkt vor sich hat und herzlich umarmt.

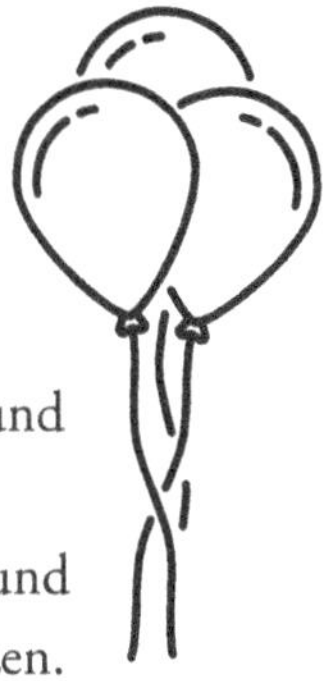

Sie gibt ihm Halt und Sicherheit für den Moment.

Er fängt an, um sie herumzugehen. Immer schön an der Wand lang. So kreiselt er bis zur Erschöpfung auf der Stelle Runde um Runde und sinkt schließlich vor ihr in die Knie und gibt ratlos auf.

Ein Passant kommt vorbei, sieht den armen Mann da kauern und fragt besorgt nach dem werten Befinden.

„Ich komm hier nicht mehr raus!“, antwortet der resigniert und bleibt bis auf Weiteres in seiner selbst gewählten Ausweglosigkeit sitzen.

Was uns wie ein absurdes Theater vorkommt, ist doch leider oft genug die von uns praktizierte Umgehensweise mit den Hindernissen unseres Lebens. Sie beschäftigen uns unendlich stabil, geben uns sogar Halt und Richtung an, aber sie werden uns auf die Dauer doch zum Gefängnis, das ausweglos erscheint.

Wir kreiseln uns ein und umrunden das Problem mit einer sagenhaften Anhänglichkeit.

Vermieden wird so in jedem Fall jeder Ausbruch in einen neuen Umgang mit alten Fragen und Rätseln.

Ohne fremde Hilfe oder einen alles entscheidenden Impuls von außerhalb bleibt dann die Suche nach dem Heimweg erfolglos.

Nüchtern betrachtet, ist dieses Verhalten einigermaßen unklug und sogar überflüssig.

Denn der Ausweg ist im Grunde so einfach wie naheliegend. Wir bräuchten nur einen einzigen Schritt in die andere Richtung zu gehen, freihändig sozusagen in die Freiheit aufzubrechen. Und schon wären wir befreit von der Gefängnismauer vermeintlicher Sicherheit.

Etwas im wahrsten Sinne so hinter uns zu lassen, scheint so einfach und ist doch so schwer.

Es sind die eingeübten und unendlich oft wiederholten Abläufe, die sich in unserem alltäglichen Leben wie Litfaßsäulen in den Weg stellen und als Anhaltspunkte anbieten.

Wir wiederholen unseren Rundlauf um die vertrauten Säulen so routiniert wie engstirnig, machen immerfort dieselben Schritte in der Auseinandersetzung mit Grenzen und taumelnder Unsicherheit. Nur raus aus dem immerzu ausweglosen Rotieren finden wir irgendwie nicht wirklich.

Es sei denn, wir verlassen die eingetretenen Pfade und ändern die Richtung.

Das ist es wohl, was die Bibel „Umkehr" und „Buße" nennt. Sich abwenden und neu orientieren auf der Suche nach Auswegen und Umwegen und Heimwegen.

Wir sagen dann gerne, dass man da gar nichts machen kann, dass nichts zu ändern ist, dass es so schon immer war und darum auch so bleiben wird.

Und damit sanktionieren wir verhärtete Verhältnisse in Familie und Gesellschaft, wir verharren auf den Trampelpfaden der unverwüstlichen Vorurteile gegenüber denen, die so ganz anders sind.

Es bleibt bei der ewigen Verhinderung von neuen Zugängen und der Suche nach Perspektiven eines von Zwang und Befangenheit eingesperrten Lebens.

Ganz undenkbar erscheint uns dann, dass wir unsere Meinungen und Ansichten womöglich auch ändern könnten und dass sich Freiheit gut anfühlt, wenn wir das denkmalgeschützte Dasein als Säulenheilige endlich aufgeben.

Da frage ich mich:

An welchen vertrauten Sperren und Mauern taste ich schon ewig entlang im Glauben daran, dass es nicht in meiner Macht steht, auszubrechen und frei zu sein?

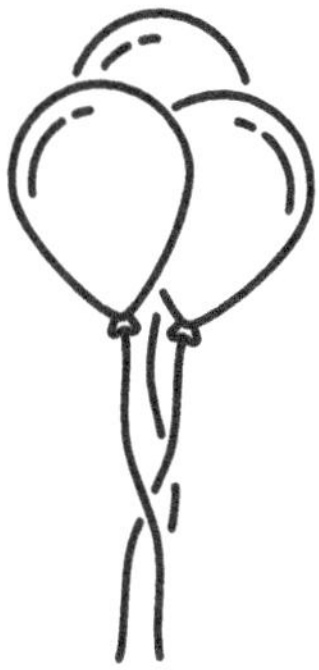

42. Abschied von den Eltern

Montagmorgen in der Grundschule. Unruhe in der ersten Klasse. Alle Kinder sind aufgewühlt und noch ziemlich müde. Das Wochenende war anstrengend. Sie haben viel erlebt.

Nicht nur Schönes. Hatten aber auch ganz viel Spaß. Langsam wird es ruhig.

Der Unterricht kann beginnen. Nach einem langsamen Einstieg bekommen alle Stillarbeit. Konzentration ist angesagt. Endlich Ruhe. Da fängt ein Kind plötzlich an zu weinen. Die Lehrerin sieht es und wartet einen Moment. Dann geht sie zu dem Kind hin und fragt fürsorglich, was los sei und ob sie helfen könne.

Das Kind schluchzt jetzt noch mehr und sagt dann völlig untröstlich:

„Ich habe vergessen, wie meine Mama aussieht!“

Abschied von der vertrauten Nähe tut weh. Für ein Kleinkind ist die Mutter so gut wie tot, wenn sie nur das Zimmer verlässt.

„Mutterseelenallein“ zu sein, das fühlt sich erbärmlich an.

Wenn wir uns verabschieden müssen von dem Gesicht unserer Eltern, immer wieder, wenn wir aufbrechen und hinausgehen in die Welt, dann brennt das Heimweh des Öfteren ganz bitter in unserer Seele.

Das ist so, wenn wir in der ersten Klasse sitzen an einem Montagmorgen – und das bleibt so alle Schuljahre unseres Lebens bis zum endgültigen Abschied irgendwann.

In den letzten Jahren träume ich öfter von meinen Eltern. Und immer sehe ich da ein liebes Gesicht, höre warmherzige Stimmen und wohlwollenden Zuspruch. Auch die Anziehungskraft ihres Grabes hat immer mehr zugenommen. Immer wieder sonntags zieht es mich ins Heimatdorf auf den Friedhof. Es muss nicht lange sein. Manchmal nur wenige Minuten stehe ich da. Das brauche ich ab und zu, immer dann, wenn ich vergessen habe, wie meine Mama aussieht.

Wir bleiben ja immer die Kinder unserer Eltern. Und wir bleiben sehnsüchtig ausschauend nach dem lieben Gesicht, das uns Geborgenheit und Heimat schenkt.

Es ist bestimmt kein Zufall, dass am Ende jedes Gottesdienstes der Segen uns verspricht, dass Gott sein liebes Angesicht über uns leuchten lassen will und er nicht aufhört, nach uns zu schauen, wie eine Mutter und wie ein Vater das tun.

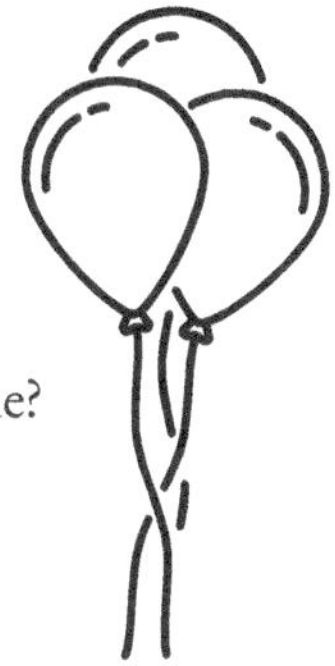

Ich frage mich:
Wie viel Liebe und Sorgfalt habe ich meinen Eltern zu verdanken?

Wandelt sich nicht der Abschied von ihnen in Heimweh und Verbundenheit, die bleibt, bis ich aus der Schule des Lebens komme?

43. Abschied von den Stichtagen

Früher bekamen die Brautpaare bei ihrer standesamtlichen Hochzeit ein sogenanntes Familienstammbuch ausgehändigt. Darin waren vorne bereits die mit Datum und Unterschrift ausgefüllten Beurkundungen der gerade geschlossenen Ehe abgeheftet.

Dann lagen darin – blanko bereit – Formulare für alle denkbaren und undenkbaren bevorstehenden Familienereignisse. Das Drehbuch eines ganzen gemeinsamen Lebens war da sozusagen schon vorneweg eingerichtet.

Sogar die Sterbeurkunden waren schon drin.

Formblätter auch für die Geburten des Nachwuchses inklusive Taufe und Konfirmation.

Das Logbuch fürs Leben trugen die Leute nach Hause, legten es in eine Schublade und vergaßen es bald.

Bis irgendwann wieder ein besonderer Tag gekommen und das Leben in eine neue Zeit aufgebrochen ist.

Unvermeidlich kamen dann irgendwann die sogenannten „Stichtage" dazu.

Und auch wenn nur jeweils ein Sterbedatum für verstorbene Herzensmenschen beurkundet worden ist, es hat im Umfeld dieser Weltuntergangsdaten schon immer eine ganze Menge weiterer Tage gegeben, die sich ins Gedächtnis gebrannt haben.

Nach meiner Erfahrung können Menschen, die gezwungen wurden, einen Abschiedsweg zu begehen, ganz genau rekapitulieren und sagen, wann was genau passiert ist. Sie kennen beispielsweise den Tag der Diagnose, des Unfalls, des Infarktes. Sie wissen genau zu sagen, wann der OP-Tag gewesen ist, von wann bis wann die Zeit der Intensiv-Überwachung im Koma, ganz zu schweigen vom Sterbetag mit genauer Stunden- und Minutenangabe.

Der Tag der Beerdigung ist und bleibt ein Termin, durch den sich das Leben hinfort definitiv von allem, was zuvor gewesen ist, unterscheidet.

Und so schreiben sich alle Familien nach und nach einen Stichtag nach dem anderen ins Stammbuch.

Stichtage heißen so, weil sie so sind.

Sie stechen. Sie tun weh. Sie verletzen und quälen auf Dauer mit ihrer Wiederholung in der Erinnerung. Mitunter tun sie das auf Lebenszeit.

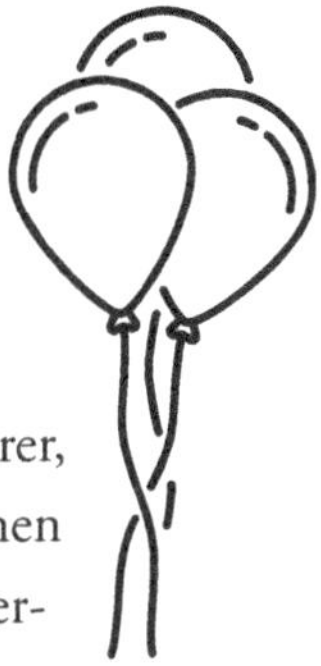

Selbst Tage und Daten, die bis dahin eher Glück und Segen markiert haben, mutieren jetzt zu gefährlichen Minenfeldern der zu Tode erschrockenen Trauerseelen.

Wenn Verstorbene Geburtstag haben, sticht das auch ins Herz derer, die weiterleben und vermissen und sich sehnen. So sammeln Menschen im Laufe ihres Lebens eine ganze Datenfülle der Not und des Schmerzes. Dagegen haben die roten Zahlen im Kalender, die eigentlich unübersehbar Feiertage ankündigen wollen, keine Chance mehr auf ein Echo der Freude und der Lebenslust.

Das allmählich entstandene Übergewicht an Kummertagen wirft sich wie ein dunkler Schatten über viele Häuser und Familien. Und ihre lebensverneinende Botschaft unterstellt rigoros, dass es kein Morgen mehr gibt, keine Zukunft und keine Hoffnung.

Stichtage annullieren die Tage danach. Sie verleugnen die Zeit, die kommt. Sie machen die Menschen lebensmüde und versperren jede Aussicht auf den zartesten Hoffnungsschimmer.

Dabei sagt Jesus in seiner Bergpredigt einmal, dass es ratsam ist, sich nicht andauernd nur um den morgigen Tag zu sorgen. Angst vor der Zukunft, die eigentlich abgesagt worden ist, zermürbt nämlich und verbrennt allen Lebensmut.

Der überlebensstrategische Rat, den Jesus gibt, besagt, dass es besser ist, mit seiner Kraft und Aufmerksamkeit ganz im Hier und Heute zu bleiben und darauf zu vertrauen, dass „der morgige Tag für das Seine sorgt!“

Stichtage werden sich nicht vertreiben lassen. Sie werden immer zu uns gehören und bei uns wohnen. Aber sie sollen nicht alle Räume besetzen und sich so breitmachen, dass kein Stuhl mehr frei ist für die Zuversicht, wenn sie denn mal wieder freundlich vorbeischaut und auf eine Tasse Tee bei uns sitzen will.

Die Dominanz der Stichtage zu verabschieden in ihr begrenztes Recht ist die Voraussetzung dafür, dass es wieder gute Tage, bessere Tage, freundliche Tage bei uns gibt.

Zumindest ab und zu. Damit wir nicht nur Leidensgenossen sind mit Trauerflor, sondern auch Sonntagskinder mit Blumen im Haar.

Ich frage mich:
Wie könnte ich meine Stichtage so weit in Gottes leuchtende Nähe bringen, dass sie, bei Licht betrachtet, anfangen zu Gedenktagen voller Liebe und Dankbarkeit zu werden?

44. Abschied vom Loslassen

Nicht immer und in jeder Situation ist das Loslassen eine gute Lösung.

Das muss bei diesem ganzen Lobpreis auf die hohe Kunst des Abschieds auch noch gesagt werden. Unbedingt.

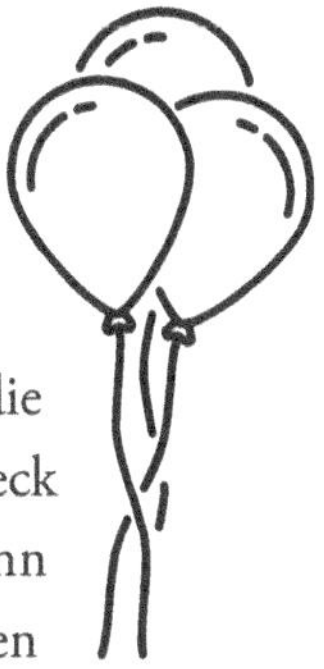

Weil auch hier der alte Grundsatz gilt: keine Regel ohne Ausnahme. Und die Ausnahme hier ist, wenn Menschen in die Trauer fallen, weil sie einen lieben Menschen verloren haben.

Und über viele, allzu viele Jahre wurde diesen Hinterbliebenen eingeredet, es käme jetzt einzig und allein darauf an, loszulassen, die Verstorbenen endgültig zu verabschieden. Das sei der Sinn und Zweck eines Trauerweges. Er hätte eben nur dann sein Ziel erreicht, wenn es endlich geschafft wäre, die komplette Abwesenheit des vermissten Herzensmenschen zu akzeptieren.

Dann würde man endlich auch die Trauer los.

Das ist ein großer Irrtum gewesen und hat oftmals die betroffenen Menschen nur noch trostloser gemacht. Unendlich viel Leid und Schmerz haben sie nämlich noch zusätzlich ertragen, weil sie sich so ernsthaft wie vergeblich darum bemüht haben, genau dieses Lernziel zu erreichen.

Loslassen konnten sie aber nie. Wie auch?

Beziehungen enden nämlich nicht mit dem Tod.

Wer sich lieb hat, hört damit nicht auf.

Tod und Sterben, Abschied und Trauer sind bitter, aber sie können eine herzinnige Beziehung nicht zerstören. Beziehungen mögen nicht für immer sein, aber sie sind ewig, wenn sie aus Liebe sind.

Darum ist es auch so wertvoll und so wunderbar, dass Jesus selber auch genau das so gesagt hat.

Als er sich nämlich hat verabschieden müssen aus diesem Leben, da hat er zu seinen Freundinnen und Freunden nicht etwa gesagt: Ihr müsst mich jetzt halt loslassen! Schön war die Zeit.

Sondern er hat ihnen erklärt, dass er jetzt schon einmal vorgeht, hinüberwechselt in die andere Welt, auf die andere Seite der Wirklichkeit Gottes, um alles für sie vorzubereiten.

Es gäbe viele Wohnungen im Reich seines himmlischen Vaters, hat er gesagt. Da wäre Platz genug für alle, die nachkommen. Und er wolle dafür sorgen, dass das Himmelbett schon gemacht ist, wenn wir kommen.

„Damit ihr seid, wo ich bin!", hat er gesagt.

Es geht bei der Trauer also nicht ums Loslassen, sondern um das Überlassen, um das Anvertrauen. Trauer und Liebe lassen nicht los, sondern bleiben in Beziehung über den Tod hinaus. Wir räumen die Nähe derer, die wir lieben und vermissen, nicht aus, sondern ein.

Wir geben ihnen ihren Platz in unseren Herzen für immer und ewig.

Ich frage mich:

Wie viel Trost steckt in der Erfahrung bleibender Verbundenheit mit den Menschen, die zu mir gehören über den Tod hinaus?

45. Abschied von der ewigen Jugend

Erst war ich den Leuten zu jung. Sollte erst einmal älter und erfahrener werden. Dann habe ich mich angestrengt und irgendwie ist die Zeit vergangen, ich habe wohl nicht richtig aufgepasst – und jetzt bekomme ich den Senioren-Bonus.

Es ist nicht zu fassen. Aber wahr. Es hat mich erwischt. Und das kam so:

Ich stehe im Ticketshop, um eine Karte für das nächste Heimspiel auf dem Betzenberg zu kaufen. Es ist die Zeit, in der die ganze Pfalz wieder einmal mit ihrem FCK am Abgrund steht.

Jedenfalls müssen wir zusammenhalten und zu unserer Mannschaft stehen. Ich wähle einen Platz auf der Südtribüne – wie immer. Block 2.1., Reihe 9. Da fragt mich die freundliche junge Frau gegenüber, ob ich denn älter als 60 und schon Rentner wäre.

Ich schaue mich um, aber es ist niemand sonst da. Ich stehe da ganz allein am Schalter. Ich muss also davon ausgehen, dass sie ganz allein mit mir spricht. Ich höre sie sagen, dass ich dann Anspruch auf einen ermäßigten Preis für meine Karte hätte. Ich nicke, bin aber vorerst sprachlos.

Ich hätte gewarnt sein müssen. Schon rund um meinen 60. Geburtstag hatte ich so merkwürdige Post bekommen. Der öffentliche Personennahverkehr und die Deutsche Bahn wollten mich mit besonders günstigen Tarifen beschenken.

Ich habe alles sofort zum Altpapier geworfen. Ganz sicher, dass die mich verwechselt haben müssen.

Da wohnt man so bei sich schon ewig und drei Tage, kennt sich schon ganz gut eigentlich, kann sich leiden oder auch mal nicht, aber alt, also ich meine nicht mehr jung und vital und aktiv, das möchte doch niemand gerne sein, oder?

Lange leben will ich schon, aber wenn's geht, ohne dabei alt zu werden. So alt, dass man mir das sogar ansieht, Menschenskind!

Und so nehme ich mich eigentlich wahr, wie immer eigentlich, abgesehen vielleicht von den paar Verschleißerscheinungen fühle ich mich doch seit Jahren gleich.

Und nun das mit dem Senioren-Bonus. Als ich am Ticketschalter wieder die Fassung gefunden habe, gebe ich zu: „Ja, älter als 60, aber ‚Nein!' noch kein Rentner bitte schön."

Und deshalb bestehe ich auch darauf, den normalen Kaufpreis zu bezahlen.

Beim Rausgehen denke ich: Nichts wirds mit der ewigen Jugend. Nichts bleibt, wie es war. Und ich bin da keine Ausnahme.

Einzige Ausnahme ist wahrscheinlich Gott. Von dem heißt es doch, er werde nicht alt.

Oder er sei immer gleich alt. Jedenfalls ewig sei er.

Immer und ewig da.

Das ist dann wohl der eigentliche Senioren-Bonus.

Und ich frage mich:

Wann fange ich wohl endlich an, mein Alter nicht länger als Verlust, sondern als Zugewinn zu begreifen?

46. Abschied von (zu) großen Zielen

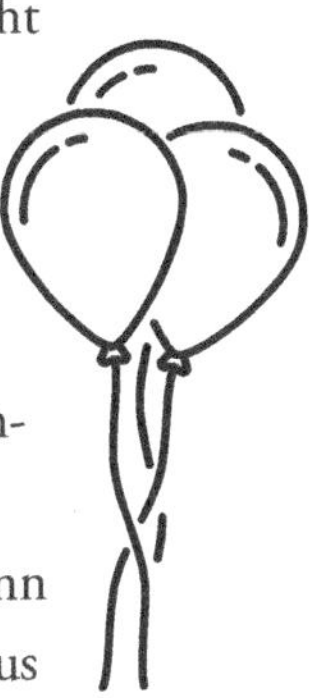

„Aus dem wird mal was!“, soll sich Martin Luther immer wieder gesagt haben im Umgang mit schwer erziehbarem Jungvolk. Um nicht den augenblicklich schlechten Eindruck von Lernunwilligkeit und mangelhaftem Wissensdurst dominieren zu lassen, hat er sich wohl immer wieder beim Anblick seiner Wackelkandidaten gesagt: „Aus dem wird mal ein Schultheiß!“ „Der wird einmal ein Handwerksmann!“ „Das sieht mir ganz nach einem frommen Mönchlein aus!“ „Der da wird einmal ein gelehrter Gelehrter!“

Die optimistische Aussicht auf eine noch unsichtbare Karriere kann helfen, jemanden nicht zu früh abzuschreiben. Im Grunde soll ja aus allen Menschenkindern etwas werden. Und das tut es ja auch öfter, als man glaubt. Mich haben die Großen im Dorf meiner Kindheit oft gefragt, was ich einmal werden will. Und da habe ich früh schon verstanden, dass es wohl ziemlich wichtig ist, dass etwas aus mir wird. Ganz früh wollte mein Großvater schon einen Förster aus mir machen. Ich selber habe aber unseren Tierarzt und Peter Maffay bewundert.

Am Ende ist ein Pfarrer aus mir geworden.

Wir nehmen uns im Laufe unseres Lebens eine ganze Menge vor, wollen es zu etwas Anständigem bringen. Unbedingt. Und deshalb plagen wir uns auch immer wieder mit viel Ehrgeiz und Zielstrebigkeit, mit der Absicht, die eine oder andere Sprosse auf der Karriereleiter nach oben zu klettern. Immer neue Ziele und Positionen schweben uns da vor.

Und das macht uns mitunter schwer zu schaffen, wenn sich die Verunsicherung immer wieder mit dem Gesicht chronischer Unzufriedenheit vor uns aufbaut und fragt: „Na, war das schon alles?“

Und so verausgaben wir uns nach dem fragwürdigen Vorbild vom Fischer und seiner Frau immer wieder aufs Neue, weil uns viel nicht genug zu sein scheint.

Es kostet uns sehr viel Kraft und Lebenszeit, unentwegt nach größeren Zielen zu streben und vorerst noch immerzu unzufrieden zu sein mit dem, was bislang aus uns geworden ist.

Irgendwann aber scheint der Zeitpunkt doch gekommen, an dem wir uns endlich von dem unbändigen Drang nach bisher Unerreichtem verabschieden.

Dann können wir endlich zur Ruhe kommen und mit Staunen auf das Erreichte blicken. Die quälende Dauerfrage, ob das schon alles war, darf sich dann endlich umkehren zu der verblüffenden Erkenntnis: „Das alles war ja schon!"

Wenn wir dann erschöpft, aber allmählich doch zufrieden auf das Erreichte blicken, dann haben wir die Chance, uns tatsächlich mit unsrem Leben, so wie es geworden ist, zu befreunden und aus der Tretmühle unablässigen Strebens nach mehr auszusteigen.

Dankbarkeit im Hinblick auf die Ernte unseres Lebens kann sich erst dann gut anfühlen, wenn wir die gesammelten Früchte endlich zu würdigen wissen, ohne uns weiter in schwindelerregender Höhenangst auszustrecken nach bisher Unerreichtem.

Die Bibel erzählt dazu eine denkwürdige Geschichte von einem reichen Kornbauern, dem seine Scheunen immer noch zu klein vorkommen.

Unruhig sammelt er seine Habseligkeiten, ohne dabei selig zu werden.

Er hat am Ende volle Scheunen, aber ein leeres Herz. Er endet schließlich als armer, reicher Mann.

Ich frage mich:

Wann wird es endlich für mich Zeit, mich von (zu) großen Zielen zu verabschieden?

Dann könnte ich vielleicht dankbarer auf das Erreichte schauen, oder?

Ist es nicht längst genug, was aus mir geworden ist, obwohl ich es nicht zum Förster gebracht habe?

47. Abschied von der jubiläumsfreien Zeit

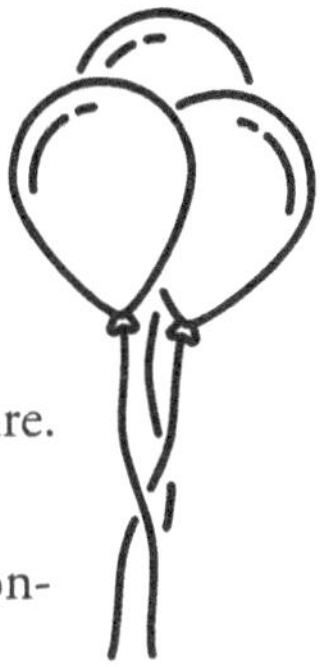

Was sind das für trostlose Jahre gewesen, in denen es kaum was zu feiern gab. Nichts als Arbeit und Liebesmüh hat es gegeben. Tagaus, tagein nur Plackerei.

Die Zeiten sind vorbei! Endlich. Ich bin jetzt jubiläumsreif. Ich darf mich feiern lassen. Mit mir kann man jubilieren: 40 Dienstjahre. Urkunde. Lobhudelei. Museumsreife.

100 Jahre Abitur. Gefühlt. Und jetzt, vor Kurzem: Goldene Konfirmation.

Am Vorabend habe ich das alte Gruppenbild gesucht und gefunden. Was waren wir schöne junge Leute damals. An zwei Dinge habe ich mich gleich wieder erinnert – nämlich daran, dass es zu Hause heftigen Streit wegen der Länge meiner Haare gegeben hatte und dass wir bei der Einsegnung gekniet haben vor dem Altar.

Am Tag der Goldenen Konfirmation habe ich mich früh auf den Weg gemacht. Ich habe weit weg von der Kirche geparkt und bin ganz bewusst von da aus den ganzen Weg quer durchs Dorf gegangen. Unterwegs habe ich einen älteren Herren getroffen, der freundlich grüßend neben mir weitergegangen ist.

„So alt sind wir jetzt schon!", hat er zu mir gesagt. Da habe ich ihn erkannt und „Hallo Bernd!" gesagt. Wir tauschten uns aus über dies und das, höflich, vorsichtig, unverbindlich. Und schon hatten wir die Kirche im Blick und die vielen alten Herrschaften davor auch. Ein großes HALLO allerseits.

Ziemlich aufgeregt und durcheinander, wie es sich für Konfirmanden eben gehört, wurde gefragt und gesagt, was – weiß ich nicht mehr.

Die meisten habe ich erst an der Stimme allmählich wieder erkannt.

Aber für das eine oder andere Gesicht dann doch noch rechtzeitig einen Namen gefunden.

Und dann sind wir zusammen eingezogen wie vor 50 Jahren. Wir haben nebeneinander Platz genommen in der Kirchenbank und ich war heilfroh, dass ich neben meiner Cousine Brigitte zu sitzen kam. Das hat mich beruhigt. Es gibt Momente, da ist Familie einfach was wert!

Später sind wir dann auch zusammen zum Altar gegangen, um uns den Segen und die Urkunde abzuholen. Alles war würdig und recht. Wirklich berührt hat mich dann aber, dass mein alter Konfirmationsspruch auf meiner Urkunde stand:

„Trachtet zuerst nach dem Reich Gottes und nach seiner Gerechtigkeit, so wird euch alles andere zufallen."

Und da habe ich an die vielen Zufälle meines Lebens gedacht, was ich alles Gott zu verdanken habe. Und ich habe an den beinahe langhaarigen Jungen gedacht, der ich damals gewesen bin und an die Umwege und Lebenslinien seither.

Da konnte ich auf einmal spüren, wie sich an diesem Morgen meine Vergangenheit und meine Gegenwart berühren und ein Ganzes aus diesen Puzzleteilen der gelebten Zeit wirklich wird.

Ich frage mich:
Sind nicht alle Jubiläen und Tage der Erinnerung eigentlich ein Erntedankfest für mich?

48. Abschied von Vorurteilen

Vorurteile sind Denkschienen, auf denen wir gerne zügig entlangrollen, gelegentlich aus dem Fenster schauen, um festzustellen, dass von Weitem alles so aussieht, wie wir es uns einmal zurechtgelegt haben. Wir steigen aber nicht aus und gehen näher ran, sondern vermeiden tunlichst den Faktencheck.

Nur ungern lassen wir uns Vorurteile nehmen, weil sie das Geländer sind, an dem wir uns auf unsicherem Terrain einigermaßen schwindelfrei bewegen, auf Sicherheitsabstand und unbehelligt bei unserem einmal erklärten Weltbild bleiben.

Meine eigene Erfahrung im Umgang mit lieb gewordenen vertrauten Vorurteilen ist so ruinös und mangelhaft, dass ich nicht umhinkann, mich von einem nach dem anderen zu verabschieden.

Drei will ich hier nennen. Der Leserschaft bleibt es unbenommen, eigene Vorbehalte und andere Irrtümer bei sich selbst zu entdecken. Meine Beispiele mögen vielleicht dazu anregen.

„Asoziale“ Verhältnisse sind hoffnungslose Fälle und nicht zu retten.

Das war nach den ersten Jahren im Pfarramt für mich beschlossene Sache. Zu viel vergebliche Liebesmühe hatte ich bei dem Versuch, „gefährdeten Familien“ zu helfen, investiert. Es gipfelte in der Aufnahme eines Kleinkindes bei einer Nacht- und Nebelaktion, bei der ich zu einem massiven Streit in ein Haus gerufen wurde. Dort traf ich auf so viel Gewalt und Unverständnis, dass es mir geboten schien, das Kind mit dem Einverständnis der angerückten Polizei aus diesem Milieu herauszunehmen. Was mit einer spontanen Aktion leichtsinnig begann, wurde zu einer Pflegschaft über viele Jahre. Das beharrliche Abtauchen der Eltern hat mir ein ums andere Mal mein Vorurteil bestätigt, dass denen wirklich nicht zu helfen sei.

Und tatsächlich zerbrachen nach und nach alle Grundlagen für ein Zuhause für dieses Kind. Die Eltern geschieden, das Haus verkauft, beide unbekannt verzogen, kein Kontakt. Vorerst.

Ab und zu kam es zu unangemeldeten Kurzbesuchen der Mutter, was für uns als Familie nicht gerade leicht zu integrieren war, zumal das Kind danach wieder für Wochen schwer irritiert zurückblieb. Auch da musste ich mich nebenbei von einem Vorurteil mir selbst gegenüber schmerzlich verabschieden. Es hat sich nämlich bald gezeigt, dass ich gar nicht so geduldig, so unbegrenzt tolerant und belastbar bin, wie ich es von mir fest angenommen hatte.

Meine engen Grenzen im geduldigen Ertragen des ganz normalen täglichen Chaos haben mich da sehr bescheiden werden lassen. Heldenhaftes jedenfalls habe ich auch da nicht vollbracht.

Eines Tages stand nach mehr als fünf Jahren die Mutter des Kindes vor der Haustür und sagte unverblümt und selbstbewusst, sie wolle jetzt ihr Kind wieder abholen und bei sich behalten. Es sprang ungebremst in ihre Arme, vollkommen fraglos. Ohne sich noch einmal nach uns umzuschauen, zogen die beiden davon und wieder zusammen in eine Wohnung.

Fortan bildeten sie eine Schicksalsgemeinschaft und sind ihren Weg verlässlich mit und füreinander weitergegangen. Schule, Berufsausbildung, selbstständiges Leben, alles hat seinen guten Lauf genommen.

Und mein Vorurteil stand dumm rum und konnte es nicht fassen.

Homosexualität war für mich jahrelang ein Tabuthema. Meine religiöse Prägung, meine enorm ängstliche Sicht darauf, meine biblischen Fundamentalargumente ließen da null Toleranz zu. Gleichzeitig ging ich allen aus dem Weg, die mir in diesem Thema hätten Nachhilfeunterricht geben können. Geheilt wurde ich von meiner Respektlosigkeit gegenüber diesem verweigerten Teil der Schöpfung ausgerechnet im Rahmen meiner Trauerarbeit. In der jahrelangen Begleitung von offenen Trauergruppen lernte ich Menschen aus allen Teilen der Gesellschaft kennen. Wer in Trauer fällt und Austausch mit Gleichgesinnten sucht, fragt nicht nach Konfession, Bildung, Reichtum, gesellschaftlicher Stellung oder Erfolg. Da kommen die Leute einfach zusammen und atmen auf im Schutzraum vertrauter Anonymität.

So auch eine wunderbare Frau, die über ein Jahr regelmäßig an einer Gruppe teilnahm, ohne viel zu reden. Sie entwickelte eine unfassbare Empathie im Zuhören und Wahrnehmen von Schicksalen anderer, blieb aber selbst sehr zurückhaltend und eher verschwiegen. So wusste ich bis zum Ende nicht wirklich, um wen sie selbst trauert.

An dem letzten Abend, an dem sie sich von mir verabschiedet hat und sehr dankbar zurückblickte auf die Schritte zurück ins Leben, die wir zusammen hatten gehen können, sagte sie mir, dass sie um ihre Frau trauert, die bei einem Verkehrsunfall ums Leben gekommen war.

Ich hatte schon vorher immer tiefer geahnt, dass Trauer eigentlich Liebe ist, dass Menschen, die innig lieben, ebenso innig und herzzerreißend trauern müssen und können. Aber diese Frau war mir der lebende Beweis, dass dem so ist. Definitiv.

Ich war an dem Abend so tief beschämt und dankbar zugleich, dass ich meine Vorurteile gegenüber homosexuell empfindenden Menschen endlich entschlossen und erleichtert verabschieden konnte.

Ein letztes Beispiel noch: Eine Ehe ist in jedem Fall zu erhalten. Trennung, Scheidung, Scheitern kommt nicht infrage. Wer das tut, hat sich nicht lange und ernsthaft genug bemüht.

So oder so ähnlich habe ich einigermaßen herablassend auf alle um mich herum geschaut, die so mir nichts, dir nichts auseinanderzugehen schienen. Ich war fest überzeugt: Uns passiert das nicht!

Nichts ist wohl schmerzhafter, als an einem selbst barrikadierten Vorurteil persönlich zu scheitern. Denn es ist uns eben doch passiert. Der Weltuntergang ist Realität geworden. Verlorene Liebe, verlorene Rollen,

Zerbrechen familiärer Bindungen, maßlose Enttäuschung und Verletzungen, Entwurzelung der Kinder, Spaltung der Freundschaftsnetze, Verlust von Selbstbild und Selbstvertrauen. „Bis dass der Tod euch scheidet …" – das kann eben auch der Tod mitten im Leben sein.

Ich habe eingesehen, dass Vorurteile nur so lange bei mir wohnen können, bis ich jemandem begegne, auf den das zutrifft, was ich mit meinem Vorurteil meine – und merke, dass es nicht passt, bestimmt nicht stimmt, nicht einmal annähernd wahr ist. Und sei es bei mir selbst.

Auf diese Weise musste und durfte ich lernen, dass es so etwas wie ein „erfolgreiches Scheitern" gibt, bei dem sich Menschen gegenseitig erlauben, sich nicht länger am Leben zu hindern, sondern auf dem Weg langsam schmerzlicher Versöhnung und Dankbarkeit loszulassen.

Ich frage mich heute:

Wie viele Vorurteile stehen bei mir noch immer unter Denkmalschutz?

Welche Vorbehalte, von denen ich mich verabschiedet habe, haben mir den Blick frei gemacht für die Weite und Offenheit von Gottes Möglichkeiten mit uns?

49. Abschied von der absoluten Sicherheit

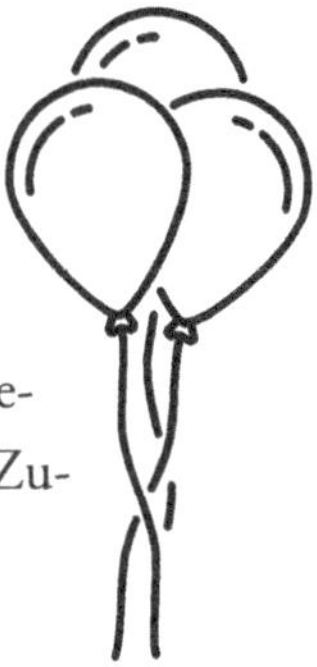

Umfragen belegen es immer wieder. Die Menschen legen ganz viel Wert auf ihre Sicherheit.

In Bezug auf ihr persönliches Leben, ihre Beziehungen und materiellen Verhältnisse genauso wie im Hinblick auf gesellschaftliche Zukunftsfragen.

Unsicherheit ist Gift für jede Gesellschaft.

Wenn man sich seines Lebens nicht sicher sein kann, dann verbreiten sich Ängste und Vorbehalte, wachsen Misstrauen und Skepsis.

Sicherheit ist der Schutzraum, den das Leben zur Entfaltung und zum Entwickeln von Zielen und Aufgaben einfach braucht. Nur dort, wo man sich sicher fühlt, setzt man sich hin und aus und auseinander. Sonst entzieht man sich und geht in Deckung, bis der Spuk vorbei ist.

So sehr wir also immerzu nach Sicherheit streben, uns absichern für alle Fälle und unablässig Vorkehrungen treffen für gewährleistete sichere Verhältnisse – es gibt sie einfach nicht, die absolute und unbedingt verlässliche Sicherheit.

Man kann sich sozusagen nie ganz sicher sein.

Aber ist das wirklich immer als ein Handicap oder als ein zu beklagendes Defizit zu betrachten?

Ist Unsicherheit nicht womöglich auch der Antrieb zur permanenten Aufmerksamkeit und zu einer wachen Präsenz?

Ist es nicht gefährlich, sich in Bezug auf irgendetwas ganz sicher zu sein?

„Sei dir da mal nicht so sicher!“, möchte man doch sagen, wenn jemand demonstrativ vorgibt, wirklich alles durchkalkuliert und sicher im Griff zu haben.

Das mag vielleicht für Hausrat- und Lebensversicherungen gelten, weitgehend zumindest.

Aber sobald es um Glauben, Hoffen und Lieben geht, hört es mit der Sicherheit auf, sicher zu sein. Dazu sind diese elementaren Lebenszeichen viel zu vital und unkalkulierbar.

Ab wann kann sich jemand sicher sein im Glauben, ohne doch immer wieder auch ins Zweifeln zu geraten. Wo ist jemand voller unerschütterlicher Hoffnung im Blick auf die Zukunft seines Lebens und gar dieser ganzen Welt?

Und ab wann können sich Menschen ihrer Liebe so total sicher sein, dass sie sozusagen auf Autopilot mit ihrer Zweisamkeit unfallfrei unterwegs sind und bleiben?

Eine Lehrstunde in Sachen „Sind sie sich sicher?“ habe ich bei der Feier einer Goldenen Hochzeit bekommen:

„Da müssen Sie unbedingt hingehen und gratulieren!“, hatte man zu mir gesagt.

Schließlich seien das zwei Leute, die schon 50 Jahre verheiratet wären.

Wo gibt es denn so was? Das ist ja geradezu nobelpreisverdächtig heutzutage!

Also habe ich mich angemeldet zum Kaffeetrinken.

An dem Tag des Jubiläums stand ich mit Präsent und Respekt vor der Tür und wurde freundlich hereingelassen. Direkt neben dem Bräutigam hatte man mir einen Ehrenplatz zugewiesen.

Am Tisch herrschte ein munteres Treiben. Kinder und Enkel waren da. Nachbarn und Freunde auch.

Es wurde viel gelacht und gebührend auf das Brautpaar angestoßen. Die ausgelassene Stimmung hat mich dann motiviert, mich an meinen stolzen Tischnachbarn zu wenden und ihn spitzbübisch zu fragen: „Na, lieber goldener Bräutigam, sind Sie sich denn heute ganz sicher, dass Sie sich vor 50 Jahren richtig entschieden haben?“

Plötzlich war es am Tisch ganz still geworden. Alle schauten gespannt zum Jubelpaar und warteten auf eine Antwort. Mein Nachbar räusperte sich vielsagend, erhob seine Stimme mit dem Brustton tiefer Überzeugung und sagte: „Wissen Sie, Herr Pfarrer, um die Frage zu beantworten, dafür ist es noch viel zu früh!“

Alle hielten stumm und verblüfft den Atem an, erst kam das Staunen, dann das Gelächter.

Man schüttelte den Kopf, andere nickten sich vielsagend zu.

Was für eine unerwartete Antwort. Wenn man nach 50 Jahren sagen kann, es sei noch viel zu früh, um sich absolut sicher zu sein, dann ist da noch ganz viel Spannung und Energie.

Eine abschließende Bewertung hätte eher gelangweilt und womöglich angedeutet, dass die beiden einigermaßen fertig sind mit der Suche nacheinander.

Wenn sich aber zwei Menschen so lange kennen und miteinander unterwegs sind und es ist immer noch was offen, spannend, vital – dann sind sie noch lange nicht am Ende. Dann sind sie noch unterwegs.

Wie gut, wenn so viel Spannung und Neugier unter uns erhalten bleibt bis ins hohe Alter.

So könnte unsere Zeitreise bis zuletzt mit vielen Erwartungen vergoldet werden.

Dann bleibt es spannend, das Leben, zusammen und allein.

Privat und öffentlich.

Drinnen und draußen.

Da bin ich mir sicher!

Und ich frage mich:

Steht mein Sicherheitsbedürfnis und das ständige Abgesichert Sein Wollen nicht eher beglückender Lebenserfahrung im Weg?

Könnte ich meine ungesicherten Angelegenheiten nicht gerade wegen der Spannung und Vorläufigkeit mehr zu schätzen wissen?

50. Abschied vom Selbstzweifel

„Das mit dem Glauben an Gott, das krieg ich nicht hin. Dafür bin ich nicht stark genug. Sie sind ja gläubig von Beruf. Das könnte ich schon gar nicht. Haben Sie denn gar keine Selbstzweifel?"

So und ähnlich haben mich immer wieder junge Männer angesprochen, mit denen ich regelmäßig in einer geschlossenen Fachklinik in unserer Nähe zusammentraf. Die waren dort als drogenabhängige und straffällig gewordene Insassen der nahe gelegenen JVA. Freiwillig hatten sie sich für eine Therapie entschieden. Sollten sie erfolgreich sein, würde ihnen das positiv für ihre Haftstrafe angerechnet. Der Druck war dementsprechend groß.

Sie wollten und mussten durchhalten. Manche kamen deshalb auch zu seelsorglichen Gesprächen und zu den improvisierten Gottesdiensten am Freitagabend.

Das Thema Selbstzweifel stand irgendwie immer im Raum.

Ihr Selbstbewusstsein war längst zerbrochen und in pure Versagensangst umgekippt.

In solchen Gesprächssituationen habe ich versucht, ihnen Mut zu machen. Zum Beispiel mit der Geschichte, die ich über einen jungen Mann gehört hatte, der sich an einen Rabbi wandte, um dessen Schüler zu werden.

Und die geht ungefähr so:

Ein Rabbi und ein Schulanwärter haben sich zu einem ersten Kennenlernen getroffen. Der Rabbi eröffnete das Gespräch mit der Frage: „Kannst du Gott lieben?"

„Gott lieben? Das kann ich nicht. Das können doch nur fromme Leute", hat der verunsicherte junge Mann geantwortet. „Gott lieben? Dafür glaube ich zu wenig und zweifle viel zu viel. An ihm und vor allem an mir!"

„Wenn du meinst, Gott noch nicht zu lieben, dann lass mich dir eine weitere Frage stellen:

‚Hast du vielleicht Sehnsucht danach, Gott zu lieben?'"

Erst Schweigen, dann die zaghafte Antwort: „Das wäre wohl zu viel gesagt. Ich bin so beschäftigt mit dem ganzen Leben, mit meinem Alltag und mit den Sorgen, ich komme gar nicht dazu, Sehnsucht zu haben, Gott zu lieben!"

Der Rabbi schwieg dann eine Zeit lang und dachte nach.

Der junge Mann war schon innerlich dabei, sich zu verabschieden. Da aber hörte er den Rabbi sagen: „Machen wir noch einen letzten Versuch: Wenn du also keine Sehnsucht danach hast, Gott zu lieben, hast du dann vielleicht Sehnsucht danach, Sehnsucht zu haben, Gott zu lieben?"

Da ging ein Strahlen über das Gesicht des Schülers und er atmete auf und nickte heftig und sagte: „Genau das! Genau das trifft es, trifft es sogar ziemlich gut! Das kann ich immerhin sagen, ehrlich sagen, mindestens, wenigstens das. Ja: Ich glaube, ich habe Sehnsucht danach, Sehnsucht zu haben, Gott zu lieben!"

„Siehst du!", entgegnete der Rabbi freundlich lächelnd, „Das genügt, um mit dem Glauben anzufangen und mit dem Selbstzweifel aufzuhören. Alles beginnt mit der Sehnsucht!"

Ich frage mich:

Habe ich den Einstieg in die Suche nach Gott für mich und für andere nicht doch meistens viel zu hoch gehängt?

Ist Gottes Nähe nicht viel bedingungsloser, als wir denken?

Kann es nicht sein, dass er uns gerade wegen unserer Zweifel liebt?

51. Abschied von der Vermessenheit

Die Welt ist vermessen.

Also vermessen ist sie sowieso immer wieder, wenn sie nämlich anmaßend ist und maßlos und gottlos. Aber das meine ich jetzt nicht.

Die Welt ist vermessen, in dem Sinne, dass man sie ein ums andere Mal auszumessen versucht. Ihre Ausmaße. Ihre Ausdehnung. Ihr Volumen. Ihre Koordinaten.

Und immer wieder besteht offenbar Unklarheit und Streit darüber, wie groß und hoch und tief und lang und breit sie wirklich ist. Wissenschaftler auf aller Welt bemühen sich da über alle Maßen.

Auch an der Universität Bonn tun sie das. Und dort ist man vor ein paar Jahren schon zu einem für alle ernüchternden Ergebnis gekommen. Richtig glauben wollen das viele bis heute noch nicht. Es wurde nämlich damals behauptet, der Erddurchmesser betrage 5 mm weniger als bisher angenommen. Mit anderen Worten: Die Welt ist kleiner als gedacht.

Als hätten wir es geahnt. Wir müssen schon wieder umdenken. Wir sind noch weniger umfänglich als bisher fest angenommen. Ausgerechnet!

Im Hinblick auf das Weltall und seine unendlichen Weiten, die nie zuvor ein Mensch gesehen hat, sind wir sogar nur ein bescheidenes Körnlein.

Die Welt ein Dorf, alles ganz nah beisammen, alles überschaubar und eng – und trotzdem oder gerade deswegen gibt es ständige Grabenkämpfe und nichts als Streit weit und breit.

Die Amerikaner haben vorsichtshalber vor Jahren schon ihre Flagge auf dem Mond gehisst.

Die Russen die ihrige auf dem Meeresboden der Arktis.

Und überall verteidigen und vermessen die Menschen ihre grenzenlosen Bedürfnisse nach Herrschaftsgebieten.

Warum ist das eigentlich so? Warum verabschieden wir uns nicht endlich von dieser Vermessenheit?

Ich glaube, es ist, weil alle ihren Ort brauchen, einen Bezug, eine Heimat, einen Platz.

Weil alle Geborgenheit und Schutz suchen und Sicherheit vor den anderen, die so anders sind.

Tag um Tag sind wir darum bemüht, unseren Platz zu behaupten, unsere Privatsphäre zu schützen. Es herrscht ein ständiges Rangeln um Parkplätze und Sitzplätze. In jedem Wartezimmer und Arbeitsraum. Im täglichen Konkurrieren um Sitzen oder Stehen in Bus und Bahn, in Warteschlangen an Schaltern, Automaten und Supermarktkassen.

Der tägliche Kampf, bis wir endlich drankommen, vorkommen, zum Zug kommen, vorgelassen werden oder auch nachgeben müssen, wer weiß ...

Wir werden bei anderen anklopfen lernen, um in deren Hoheitsgebiete eintreten zu dürfen.

Es ist eng und kurz vor knapp – immer. Unsere Zukunft wird so friedlich oder so kriegerisch werden, wie wir einüben, einander in guter Weise zu begegnen, ohne uns zu nahe zu kommen.

Dazu rät uns die Bibel, maßvoll zu sein und nicht zu vermessen.

Sie sagt:

„So viel an euch liegt, haltet mit allen Menschen Frieden!"

Das ist das Maß aller Dinge.

Mit Friedenserklärungen unterwegs zu sein bei allen Grenzgängen dieser Zeit.

Das ist und bleibt Millimeterarbeit!

Ich frage mich:

Bin ich bereit, meine Bedürfnisse zu begrenzen?

Haben wir gerade wieder eine Lage, in der unsere Welt an ihrer Unfähigkeit, die Grenzen der anderen zu respektieren, scheitert?

52. Abschied von der Gleichgültigkeit

Aus ungewöhnlich gut unterrichteten Kreisen hörte ich, dass eines Tages tatsächlich die Hölle total überfüllt gewesen sein soll. Das muss einen nicht weiter verwundern, wenn man sich umschaut, wie es zugeht in der Welt. Schurken gibt es doch mehr als genug. Jedenfalls soll angeblich nur noch ein einziger Platz in der Hölle frei gewesen sein. Ansonsten war das Boot voll.

Um den letzten Platz zu vergeben, soll sich nun der Teufel höchst selbst vor die Tür gewagt haben, auf der Suche nach dem letzten Kandidaten, der möglichst prominent das Höllenspektakel vollzählig macht. Klar wird gewesen sein, dass hier nur ein wirklich ausgemachter Ausnahmetäter privilegiert genug wäre, um noch einzuziehen.

Also habe es ein ausgeklügeltes Sichtungsverfahren gegeben, bei dem jemand ausgewählt werden sollte, dem das Profil unermesslicher Schuld eindeutig zugewiesen werden könnte.

Alle möglichen Verfehlungen und Schandtaten wurden genannt. Bösewichte gab es mehr als genug. Aber das schien dem Teufel alles noch zu harmlos. Da sah er einen ziemlich unbeteiligt abseitsstehenden Zeitgenossen am Rande des Geschehens so auf- und abgehen und rief ihn zu sich mit der Frage: „Was machen Sie denn hier? Was haben Sie denn verbrochen?“

„Ich? Ich habe gar nichts getan!“, sagte der Mensch völlig verblüfft und ahnungslos.

„Ich bin ein guter Mensch und habe mir nichts zuschulden kommen lassen. Ich habe mich mein Leben lang aus allem rausgehalten. Wer mich für schuldig hält, muss mich mit jemandem verwechseln. Das muss ein Versehen sein!“

„Alle haben irgendwas verbrochen!“, sagte der Teufel verwundert. „Unschuldig ist niemand!“

„Ich schon!“, widersprach der Kandidat. „Ich habe zwar alles mit angesehen, was so passiert auf der Welt. Allerhand Unrecht und Gewalt, Verleumdung und Fremdenhass, das ungerechte Verteilen des Geldes und der Güter, das allmähliche Zerstören der Umwelt, die Hungersnöte überall, die Benachteiligung von Armen und Schwachen … Doch doch, ich habe mich immer gut informiert. Die Nachrichten aus aller Welt habe ich keinen Tag versäumt. Aber an keiner Schandtat habe ich mich jemals selbst beteiligt. Ich habe mich aus allem rausgehalten und habe der Versuchung, mich irgendwie einzumischen, erfolgreich widerstanden. Ich habe mir nichts vorzuwerfen!“

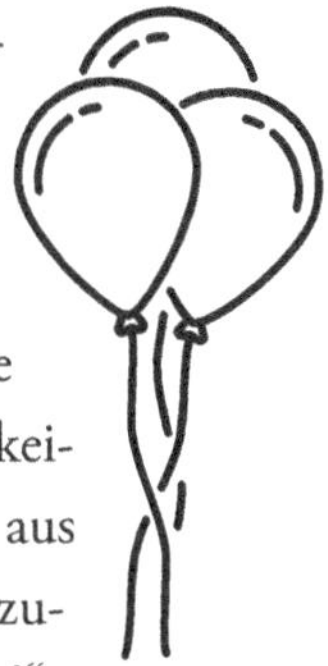

„Sie sind sich völlig sicher, alles mit angesehen und gewusst zu haben?“, fragte der Teufel ungläubig nach. „Ja gewiss. Ist ja das meiste direkt vor meiner Haustür geschehen!“

Da soll sich der Teufel heftig geschüttelt haben, sei einen Schritt zurück auf Abstand zu dem vor Gleichgültigkeit strotzenden Unschuldskämpfer gegangen und habe schließlich entschlossen zur Höllenpforte gezeigt mit den Worten: „Willkommen im Klub! Hereinspaziert. Der letzte Platz gehört Ihnen. Einen besseren Schlechten kann ich mir nicht vorstellen!“

Es gibt wahrscheinlich keine stärkere Gruppierung in jeder Gesellschaft, die so viel Macht und Einfluss hat wie die Schar der Gleichgültigen. Sie sind gut informiert, sehen alles, wissen Bescheid, wollen aber mit allem nichts zu tun haben. Sie kümmern sich hinreißend um Haus und Hof, gärtnern und pflegen ihren Vorgarten, sind Familienmenschen mit Hingabe und vor allem darauf bedacht, überall und nirgends mit einem Standpunkt wiederzuerkennen zu sein. Mit ihrem ausgeprägten Talent, sich aus allem rauszuhalten, schaffen sie es irgendwie, sich immer auf die vermeintlich sichere Seite zu schlagen.

Überlebensstrategisch geschickt, gehören sie nach jedem Beben der Geschichte meist zu denen, die von nichts wussten und dafür nichts konnten. Sie schaffen es zu allen Zeiten schon, eher zu den Überlebenden als zu den Toten zu gehören. Jeder Reflex an Mitleid, Mitmenschlichkeit und humanitärem Gehabe ist ihnen durch hartes Training langsam, aber sicher abhandengekommen.

Sie haben sich eine undurchdringbare Hornhaut auf der Seele wachsen lassen und sind mit nichts mehr zu erschüttern.

Dabei sind gerade sie die Basis für alle Diktaturen und menschenverachtenden Systeme, die mit der schweigenden Mehrheit der Gleichgültigen auf ihrer Seite willkürlich und machthungrig nach Belieben agieren können.

Die Behauptung, dass man als Einzelperson doch nichts ausrichten könne, gehört zum Glaubensbekenntnis der Gleichgültigen. Die Bibel hat da eine deutliche Position, wenn sie von uns klare Haltung verlangt und sagt: „Eure Rede sei Ja, Ja oder Nein, Nein. Alles andere taugt nichts!“

Darum kann niemals alles gleich gültig sein, was gesagt und getan wird. Wer gleichgültig bleibt angesichts von Unrecht und Not, der öffnet dem Bösen die Tür.

Ich frage mich:
Wie oft habe ich mich schon in den Vorgarten meiner Bequemlichkeit zurückgezogen, wenn es darum gegangen wäre, aus der Fassung zu geraten und Position zu beziehen, weil das, was geschehen ist, unfassbar war?

53. Abschied von der Sonnenseite

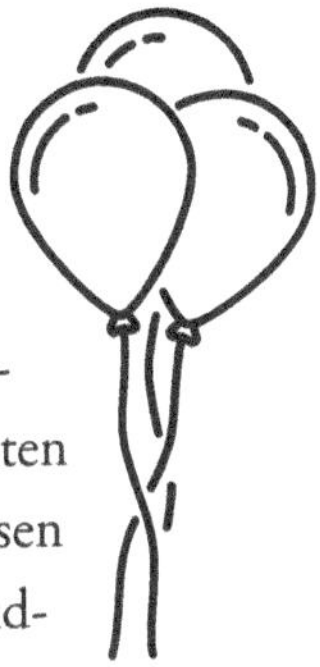

„Gute Zeiten, schlechte Zeiten." Der Titel der TV-Seifenoper passt auf jeden Lebenslauf.

Auf der Sonnenseite des Lebens sind wir meist unaufgeregt unterwegs. Es sei denn, es kommen Hoch-Zeiten und andere Feierlichkeiten dazwischen. Aber wir sind eben so gebaut, dass in den heiteren Phasen unseres Lebens, in denen es uns gut geht und alles wie selbstverständlich wächst und gedeiht, die Gelassenheit überwiegt. Dabei sind wir auch in guten Zeiten nie rundum glücklich und unbeschwert. „Irgendwas ist immer!", heißt es. Und es stimmt ja auch.

Vollends auf den Kopf gestellt ist unsere Welt allerdings, wenn sich der Himmel über uns verdunkelt und schwere Zeiten kommen. Dann müssen wir uns ungefragt von der Sonnenzeit verabschieden.

Es wird in uns November. Dunkel, nasskalt, ungemütlich ist unsere Seelennot dann.

Unabhängig vom Kalender verschwinden das Licht und die Farbe und die Wärme aus unserer Wahrnehmung. Krise, Krankheit, Abschied und Leid, Trauer und Sterben sind die Zeitfresser der besonders unangenehmen Art. Unersättlich rauben sie uns alle Energie und Lebenskraft.

Und doch ist es ein Teil unserer Lebenszeit. Und gerade Schattenzeiten lassen uns oftmals die wertvollsten Teile unseres Lebens neu entdecken. Nie kommen wir womöglich so intensiv unserer Liebe und unserer Sehnsucht auf die Spur wie in den Zeiten, in denen wir sie vermissen oder gefährdet sehen. Nähe, Geborgenheit sind plötzlich von gestern, Ängste und Schmerz über drohenden Verlust sind heute. Wir weinen bittere Tränen in solchen Unzeiten, die eben doch keine verlorenen Zeiten sind, sondern zugemuteter Ernstfall für unsere Fragen nach Sinn und Ziel und Halt.

Abschiede von der gewährten Sonnenzeit sind grausam und nötigen zu völligem Umdenken und Umsortieren unserer Prioritäten. Was wirklich zählt, worauf es unbedingt ankommt, wofür es sich tatsächlich zu leben lohnt, das kommt eher im Dunkeln ans Licht. Weil wir da besonders lichtempfindlich sind in unseren betrübten Augenblicken.

Bei Nachtwanderungen habe ich unseren Jugendlichen meistens zugemutet, ihre Taschenlampen zu Hause zu lassen. Das hat immer zuerst ernsthafte Empörung ausgelöst.

„Sollen wir tatsächlich ohne Licht durch die Dunkelheit tappen?", haben sie ungläubig gefragt.

Selbst die anderen Mitarbeiter waren skeptisch. „Was ist, wenn jemand stürzt? Können wir das riskieren?" Verständliche Fragen und berechtigte Zweifel ließen sich nicht wirklich ausräumen, bis wir nach anfänglichem Blindflug durch den Wald immer besser die Konturen und Schattierungen wahrnehmen konnten. Unsere Augen gewöhnten sich schnell an die Dunkelheit. Umso mehr nahmen wir das Himmelslicht von Mond und Sternen sensibel wahr. Je länger wir unterwegs waren, umso besser wurde die Orientierung. Und wenn wir dann auf einer Lichtung unter dem offenen Himmel im Kreis standen und „Laudate omnes gentes" in die Nacht sangen, schien es in uns ziemlich hell auf, das Lebenslicht der wohltuenden Gemeinschaft. Natürlich hatte ich für alle Fälle immer eine starke Lampe im Rucksack. Aber wir haben sie selten gebraucht. Stattdessen haben wir mit großen Augen gestaunt über das Licht in der Dunkelheit.

So gesehen werden unsere Herzen und Sinne in Zeiten des Abschieds von sonnendurchfluteten Lebensabschnitten hoch empfindsam und weitblickend offen für Hoffnungsschimmer und für einen einzigen Stern, der leuchtet.

Ich frage mich:
Wenn meine ganze Zeit in Gottes Händen steht, dann sind auch im finsteren Tal seine Augen auf mich gerichtet. Ohne meinen Durchblick bin ich doch ziemlich oft am anderen Ende des Tunnels angekommen. Das waren doch die Lichtblicke meines Lebens, oder?

54. Abschied vom falschen Selbstbild

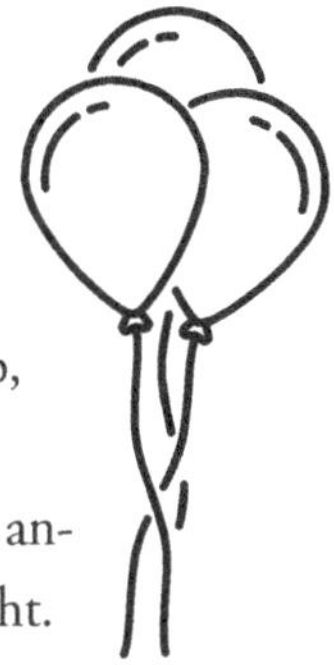

„Ich war früher auch mal schön!", hat eine Trauernde einmal in einer offenen Trauergruppe frei heraus gesagt. Sie war davon überzeugt, dass das Bild, das sie im Augenblick als Hinterbliebene abgab, kein besonders attraktives war.

Viele Menschen haben kein so gutes Bild von sich selbst. Finden andere womöglich ganz hübsch und ansehnlich, sich selbst aber gar nicht.

Wie wir uns selbst sehen und was wir von uns selbst halten, das ist ganz oft im defizitären Bereich. Wir finden uns nicht so gut, wir finden uns eher schlecht. Wie finden Sie das?

Unsere Großeltern kannten noch die Rede vom „schönen Mannsbild" oder vom „schönen Weibsbild". Das war ein altmodisches Kompliment für Menschen, deren Erscheinung positiv beeindruckt hat. Sie sind eben bildhübsch gewesen.

Gilt das heute nicht mehr?

Das wäre ja noch schöner …

Schließlich kommen wir noch immer wunderschön auf die Welt. Ich hatte jetzt schon ein paar Mal das Vergnügen, als Vater und Opa ein überwältigter Augenzeuge der schönen Schöpfung Gottes zu sein. Wer ein neugeborenes Kind sieht, hat Gott schließlich auf frischer Tat ertappt, soll unser großer Reformator ungefähr gesagt haben.

Kein Wunder also, dass wir das neue Leben in seiner ganzen Schönheit von Anfang an bestaunen. Kaum, dass wir auf die Welt kommen, werden schon Bilder von uns gemacht.

Wir sind Bildermenschen von Anfang an. Und dann sehen wir mitunter jemandem ähnlich, je nachdem, wer uns ansieht, wird dann gesagt: „Ganz der Vater!", oder „Kommt ganz nach der Mutter!"

Alle Eltern haben das schönste Baby der Welt. Und das stimmt. Das ist absolut wahr.

Und das ist auch gar kein Wunder, sondern ganz normal. Es ist nämlich biblisch gut begründet.

Dahinter steckt eine wahrhaft göttliche Idee. Das ist nämlich genau so geplant und gedacht und gemacht. Wir sind in der Tat von Geburt an so schön, weil Gott uns so gewollt hat.

Mit seiner vollen Absicht ist er der Ansicht, dass alle seine Menschenkinder einfach nur bildhübsch aussehen.

Er hat entschieden, nachdem er seine schöne Schöpfung fertig hatte, fast jedenfalls, dass es neben Wasser, Licht und Luft, Pflanzen und Tieren auch noch Menschen geben soll. Und dabei den folgenschweren Entschluss gefasst, selbst Modell zu stehen.

Die Bibel sagt dazu:

„Und Gott schuf den Menschen nach seinem Bilde. Zum Bilde Gottes schuf er ihn!"

Also: Wir sehen Gott ähnlich! Wir sind ihm wie aus dem Gesicht geschnitten. Wir tragen seine Züge. Ganz der Vater, der himmlische!

Im Mutterland seiner Liebe bilden wir etwas ab von dem, wie Gott ist, wie er uns sehen will.

In jedem Gesicht, das uns begegnet, schaut uns auch Gott ein bisschen an. Wie sollten wir da kein Ansehen genießen?

In der englischen Übersetzung der Bibelstelle heißt es:

„He created human beeing in his own image!"

Wir sind also Gottes Imagekampagne in dieser Welt.

Auf dem Laufsteg unseres Handelns und Wandelns stehen wir Modell für Gottes gute Absichten, diese Schöpfung zu bewahren und zu verschonen. Und die dazugehörenden Geschöpfe gleich mit.

Wenn wir also tatsächlich Gott zum Verwechseln ähnlich sehen, dann kann unser Umgang miteinander doch nur von gebührender Hochachtung und Respekt geprägt sein, oder?

Alles andere wäre dann ja Majestätsbeleidigung, oder?

Ich frage mich:

Wann ist es mir wohl gelungen, Gottes Liebe so zu leben, dass ich nicht aus seinem Bilderrahmen gefallen bin?

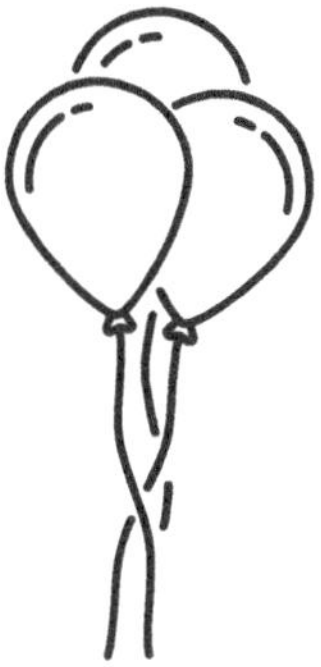

55. Abschied von Fritz Walter

Auch wenn sie in ihrem künstlerischen Schaffen beinahe unsterblich zu sein scheinen, auch Stars müssen irgendwann gehen. Die Stimmen und Gesichter, mit denen wir groß geworden sind, die den Soundtrack unseres Lebens geliefert haben, Jahr um Jahr werden sie weniger.

Ob im Sport, in der Kunst und Musik, ob in der Politik oder dem ganzen öffentlichen Leben, die Vorbilder und Lichtgestalten, sie sind allesamt nicht unsterblich und verabschieden sich laut oder leise, unbemerkt oder inszeniert.

Ob sie John oder Joe heißen, Elvis oder Mike, Freddy oder Harry, Tina oder Whitney …

Die Reihe ist lang und wird länger. Und es nimmt uns immer wieder ganz schön mit, wenn plötzlich wieder ein Name fällt von jemandem, den wir rund um unseren Lebenslauf gesammelt und in die Weggefährtenschaft aufgenommen hatten.

Wir verabschieden nach und nach Idole und viel beachtete Größen von den Brettern, die die Welt bedeuten. So auch einen Franz Beckenbauer und einen Fritz Walter.

Ich bin in Kaiserslautern zur Schule gegangen und habe im Schatten des Betzenberg-Stadions im Internat bis zum Abitur gelebt. Der 1. FC Kaiserslautern ist uns damals zum Herzensverein geworden. Wir konnten gar nicht widerstehen. Unser Religionslehrer war lange Jahre ein führender Kopf des Vereins und ein ums andere Mal haben wir von ihm Freikarten bekommen, um die „roten Teufel“ spielen zu sehen.

Und natürlich ist da auch immer wieder der Weltmeister von 1954 und ewige FCK-Held Fritz Walter aufgetaucht. Er ist ein durchaus bescheidener Mann gewesen und war doch ein selbstbewusster und hochgeschätzter Botschafter des Fußballs in der ganzen Welt.

Im Juni 2002 ist er gestorben. Das inzwischen längst nach ihm benannte Stadion war Ort einer legendären Trauerfeier, die dort wenige Tage nach seiner Beisetzung im Kreis seiner Familie stattgefunden hat.

Ich hatte an dem Sonntag in der Nähe einen Gottesdienst im Grünen zu halten und konnte deshalb daran teilnehmen. Mit mir noch 10.000 andere Trauergäste.

Das Stadioninnere war bemerkenswert gestaltet. Alle Werbeflächen im großen Rund waren sorgsam mit schwarzen Tüchern abgedeckt. Im Anstoßkreis Blumen und großformatige Bilder von Fritz Walter im FCK-Dress, als Kapitän der Weltmeistermannschaft und aus seinen letzten Tagen, ein Rednerpult und im Halbkreis dahinter das Musikkorps der Polizei Rheinland-Pfalz.

Wir hörten zu Beginn Bach anstatt der Vereinshymne „Der FCK ist wieder da …,"

Dann eröffnete der Pfarrkollege, der den Verstorbenen beerdigt hatte, die Trauerfeier mit den Worten, die er zur Eröffnung eines Gottesdienstes zu sprechen gewohnt war.

In Gottes Namen also waren wir zusammen. Gut, dass das schon einmal geklärt war. Es folgten unvermeidliche Nachrufe der ganzen damaligen politischen und sportlichen Prominenz bis hin zum Innenminister Otto Schily. Kurt Beck sprach als damaliger Ministerpräsident von Rheinland-Pfalz spürbar berührt über den väterlichen Freund und sagte am Ende, dass er in Gottes Frieden ruhen möge.

Eine Stimme vom Nationaltheater Mannheim sang „Näher mein Gott zu dir".

Es war eine Gänsehautatmosphäre.

Schließlich war alles gesagt und getan.

Die Frage war nur, wie das Ganze jetzt ein Ende finden sollte. Schließlich konnte dieses „Spiel" von keinem Schiedsrichter abgepfiffen werden.

Da trat noch einmal der Pfarrer vom Anfang ans Mikrofon und sagte: „Was wir jetzt tun, das kann so falsch nicht sein: Wir beten zum Schluss das Vaterunser!"

Ich hatte bis dahin über all die Jahre schon so manchen Gesang und manchen Schlachtruf in diesem Stadionrund erklingen hören, aber das Vaterunser aus dem Munde der 10.000 Trauergäste, das war mir neu. Und nicht nur mir.

Der Abschied von Fritz Walter fand so seinen würdigen Abschluss.

Wir haben auch danach noch oft auf dem Betzenberg beten müssen und tun es bis heute.

Aber dieses einmalige Vaterunser ist und bleibt mir ewig in Erinnerung.

Ich erinnere mich:
Es wurde auch mehrfach gesagt, Fritz Walter habe sich als Christ verstanden, nicht als Fußballgott!

56. Abschied vom Gottesbeweis

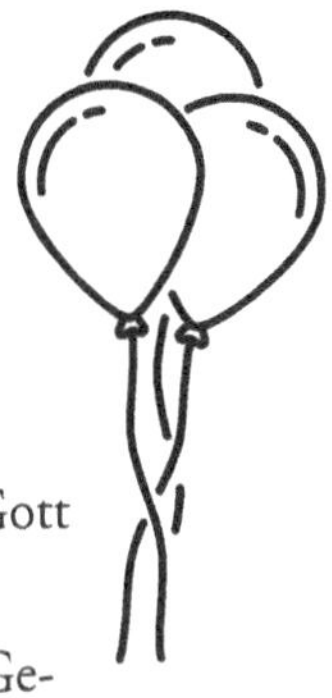

Es heißt ja, mit Prognosen sei es so eine Sache, insbesondere wenn sie die Zukunft betreffen.

Was Genaues weiß man eben nicht.

Auch mit Beweisen ist es so eine Sache, insbesondere wenn sie Gott betreffen.

Was Genaues weiß man nicht, weil Gott Gott ist und wir seine Geschöpfe. Und die Bibel sagt dazu klar, dass es sich hier um ein Herrschaftsgefälle handelt, das irgendwie nicht aufgelöst werden kann. So als könnte der Ton etwas über den Töpfer sagen.

Es ist also einigermaßen mühselig mit den Gottesbeweisen.

Mehr Mühe als Seligkeit machen sie, wenn wir ehrlich sind.

Sie sind allesamt so furchtbar anstrengende und geschraubte Gedankengänge, sehr theoretisch zwingen sie zum Kopfzerbrechen. Sie erzeugen eher Erschöpfung als Klarheit.

Philosophen und Theologen aller Jahrhunderte haben es versucht, plausibel zu machen, dass es einfach einen Gott geben muss. Unbedingt!

- Weil es einfach nichts Größeres geben kann als IHN!
- Weil es eben eine höhere Macht geben muss!
- Weil die Schöpfung einen Schöpfer braucht!
- Und die Geschöpfe erst recht!
- Weil sich nichts bewegen kann, was nicht von jemandem angestoßen worden ist!
- Weil der Mensch an etwas glauben muss, weil er chronisch gläubig ist.

Im Ansatz sind ja all diese Bemühungen gut und wertvoll, weil sie belegen wollen, dass der Glaube doch plausibel und auch kognitiv möglich sein muss, ohne dabei den Verstand zu verlieren.

Glauben und Wissen, das muss und sollte doch kein Gegensatz sein.

Denn sonst hätten ja die Spötter doch recht, wenn sie sagen, man könne nur so lange glauben, wie man dumm und unwissend genug dazu sei. Nach dem Motto: Glaubst du noch, oder weißt du schon?

Mit all den Versuchen, Gottes Existenz zu beweisen, wollten sie Herz und Verstand zusammenbringen. Es sollte endlich Schluss sein mit dem Klischee: Hier die Gläubigen und Naiven, dort die Ungläubigen und Vernünftigen.

Aber alle Versuche haben es nicht wirklich geschafft zu überzeugen. Bis jetzt.

Also könnten wir die alten, gut gemeinten Gottesbeweise doch feierlich verabschieden und einen neuen begrüßen.

Nennen wir ihn doch meinetwegen vorerst den „klerikalen Gottesbeweis".

Ich finde seine Argumentation total verblüffend und gegen jeden Zweifel erhaben.

Denn er argumentiert ungefähr so:

Wenn es heute noch immer die Kirche gibt, also das, was von ihr übrig ist, trotz allen menschlichen Versagens, Scheiterns und Verirrens in ihrer ganzen Geschichte, dann kann das doch unmöglich an uns Menschen liegen. Das kann nicht unserer Leistung zu verdanken sein.

Denn dafür ist die zu miserabel.

Schon der alte französische Kirchenhistoriker Loisy hat gesagt:

„Jesus Christus hat das Reich Gottes verkündigt und was gekommen ist, ist die Kirche!"

Das heißt:

Die Idee, die Jesus hatte, und die Umsetzung durch sein Bodenpersonal stimmen nicht überein.

Ganz selten jedenfalls.

Darum kann es nur so sein:

Die Kirche ist ein Beweis dafür, dass es Gott wirklich gibt.

Ohne IHN wäre sie nämlich längst untergegangen.

Darum haben wir allen Grund, Gott weiterhin anzubeten, nicht nur sonntags im Gotteshaus, sondern auch an den Werktagen im Menschenhaus.

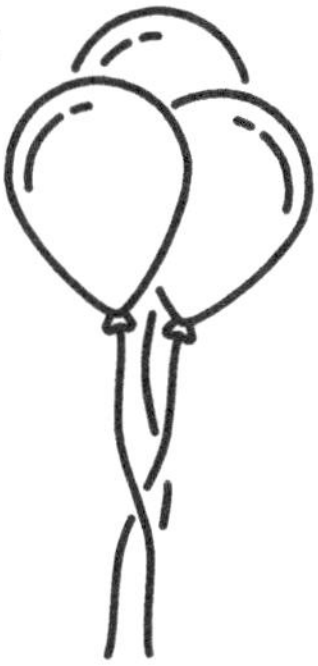

Und dort könnten wir es dann tatsächlich kräftig beweisen, dass es IHN um Himmels willen gibt.

In der Tat!

Ich frage mich:

Verwechsle ich womöglich Gott und die Kirche miteinander?

Und bedeuten womöglich die Kirchenaustritte gar nicht, dass die Menschen aufgehört haben, IHN zu vermissen?

57. Abschied von der Löffelliste

„Das Beste kommt zum Schluss." Das ist für mich einer der besten Kinofilme der vergangenen Jahre. Auch und gerade, weil er sich dem Thema Abschied stellt.

Er ist 2007 erschienen. Im Film begegnen sich Jack Nicholson und Morgan Freeman als Krebspatienten im Krankenhaus. Nicholson spielt überzeugend einen missmutigen, wunderbar zynischen Millionär, Freeman nicht weniger eindrucksvoll einen gewitzten Automechaniker und zauberhaften Familienvater. Zwei Männer auf einem Zimmer, die so gar nichts gemeinsam haben und sich reichlich schwertun, die Nähe des anderen zu ertragen. Immerhin teilen sie eine gemeinsame aussichtslose Diagnose, die ihnen noch maximal sechs Monate Lebenszeit zugesteht.

Schließlich erstellen sie zusammen eine sogenannte „Löffelliste" mit Vorhaben und noch unerfüllten Träumen, die sie gemeinsam abarbeiten wollen: Fallschirmspringen, Weltreise, einem fremden Menschen etwas Gutes tun, das schönste Mädchen der Welt küssen …

Die Redewendung „Den Löffel abgeben" hat sich im 19. Jahrhundert schon etabliert als synonyme Rede vom Tod eines Menschen. Der Löffel steht nämlich symbolisch für die selbstständige Aufnahme von Nahrung. Wird der Löffel abgegeben, ist das ein todsicheres Signal für das nahende Ende eines Menschen.

So gesehen ist das Erstellen einer „Löffelliste" nichts anderes als die To-do-Liste angesichts eines abzusehenden Lebensendes.

Und da ein Ende jeden Lebens definitiv irgendwann kommt, ist es durchaus interessant, auch ohne dramatische Diagnose und unmittelbar bevorstehenden Countdown einmal zu überlegen, was uns in unserem Leben noch unbedingt wichtig wäre zu tun. Eine eigene „Löffelliste" zu haben, auf der steht, welche Träume und unerfüllten Sehnsüchte uns erfüllen, könnte demnach einen Versuch wert sein.

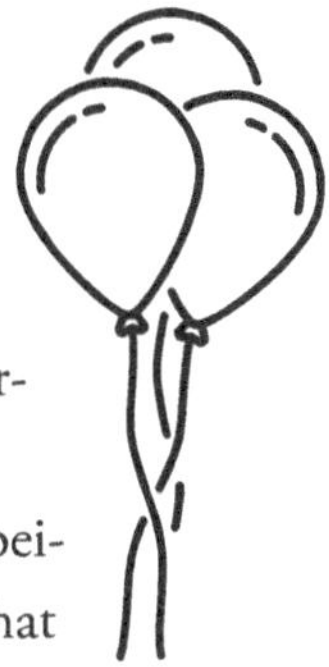

Welche Vorhaben und Projekte habe ich noch, mit wem könnte ich dies oder das noch erleben, teilen, feiern, erreichen?

Das ist durchaus keine resignative Abdankung, sondern eher eine ziemlich anspruchsvolle Zukunftsperspektive mit Lebenslust und Tatendrang. Sie darf ja durchaus lang sein, sogar etwas unverschämt und einigermaßen kühn. Warum nicht?

Die eigene Löffelliste dann tatsächlich nach und nach abzuarbeiten, indem sich eine um die andere Planung umsetzen lässt, das hat doch Lebensqualität und ist eine recht anspruchsvolle Grundhaltung der verbliebenen Zeit gegenüber.

Wer nicht wunschlos unglücklich ist, sondern mit noch unerfüllten Wünschen Glück aufspüren will und das in seiner Umgebung verbreitet, dürfte ein durchaus angenehmer Zeitgenosse bleiben. Auch im Alter. Trotz der Löffelliste. Oder gerade durch sie?

Im Altertum gab es den ultimativen Wunsch: Rom sehen – und sterben.

Es wird bestimmt sehr unterschiedlich und absolut inkompatibel sein, was wir als Individuen auf unsere Listen schreiben. Das ist auch gut so und gehört nicht in die Öffentlichkeit.

Einen Wunsch aber könnten wir womöglich miteinander teilen. Er steht auf der Liste einer betenden Stimme im Alten Testament. Die sagt:

„Eines wünsche ich mir von Gott. Das hätte ich gern:

Dass ich im Hause des Herrn bleiben möge mein Leben lang, zu schauen die schönen Gottesdienste des Herrn und seinen Tempel zu betrachten."

Eine andere Übersetzung formuliert:

„... um die Lieblichkeit des Herrn zu betrachten!" (Psalm 27,4)

Ich frage mich:

Wie könnte meine persönliche Löffelliste aussehen?

Wann endlich schreibe ich sie auf?

58. Abschied vom Angesicht?

Jeder Mensch hat ein Gesicht.

Das macht er dann auch überall und jederzeit.

Niemand kann losgehen und sagen, jetzt geh ich los, aber ein Gesicht mach ich keins!

Bis jetzt jedenfalls war das so.

Jetzt ändert sich das gerade.

Die Leute sind nämlich gerade dabei, ihr Gesicht zu verlieren.

Es ist nicht mehr zu übersehen.

Seit die Smartphones und die iPhones vor allen Menschen hergehen, sie an sich binden und ihre ganze Aufmerksamkeit verschlucken, haben die Gesichter aufgehört, ganz da zu sein.

Bei vielen droht akuter Gesichtsverlust.

Man ist mit der ganzen Welt verbunden, hat aber keinen Blickkontakt mehr dort, wo man gerade ist.

Der Abschied vom Angesicht vollzieht sich gerade zusehends schleichend, weitgehend unbemerkt.

Man ist zwar dank der Erdanziehungskraft noch körperlich da, aber in Wirklichkeit weit weg gebeamt, merkwürdig entrückt. Wie aus der Welt.

Sitzt auf einem Stuhl irgendwo im Orbit. Da braucht man kein Gesicht offenbar.

Weder im Zug noch an der Bushaltestelle, weder im Wartezimmer noch im Restaurant. Nirgends muss man mehr ein Gesicht machen. Es gibt bald keinen Augen-Blick mehr.

Aus der Entwicklungsgeschichte der Menschen wissen wir aber, dass sich unmittelbar zurückbildet, was nicht mehr gebraucht wird. Demnach wären verschiedene im Moment noch vorhandene Talente tatsächlich akut vom Aussterben bedroht:

Der Flirt und das Anhimmeln,
das Stirnrunzeln und das Augenzwinkern,
die Liebe auf den ersten Blick
und das freundliche Lichtgesicht,
der Silber- und der Hundeblick,
der Schmollmund und der Handkuss auch.

Alles wird verschwinden, wenn wir nicht aufpassen.

Versuchen wir also wieder mehr in Blickkontakt zu kommen miteinander.

Aber aufgepasst, das wird nicht einfach. Wir müssen ganz vorsichtig sein und darauf bedacht, niemanden zu erschrecken. Aufsehenerregende Begegnungen sind die Leute nicht mehr gewohnt.

Zu befürchten ist außerdem, dass in Zukunft alle Menschen mit sturem Blick auf das Display nur noch den Kopf hängen lassen, den aufrechten Gang verlernen und sogar vergessen, wie man Ausschau hält und sich entgegenkommt.

Noch haben wir alle ein Gesicht.

Aber es muss sich auch zeigen dürfen.

Und es muss im Training bleiben, muss sich auskennen, zusehends bemüht sein, im Hier und Heute präsent zu sein.

Der Abschied vom Angesicht muss gestoppt werden. Wir brauchen unser gegenseitiges Ansehen. Sonst werden wir ungenießbar.

Gott selber will ja sein Angesicht immer wieder über uns leuchten lassen, wenn er uns segensreich macht Tag um Tag.

Sieh mal einer an …

Da frage ich mich:

Wie schaffe ich es, in meiner Umgebung mit einem freundlichen Gesicht leuchtende Augenblicke zu finden?

Wie finden wir uns auf Augenhöhe wieder?

59. Abschied vom alten Jahr

Bilanz und Prognose. Silvester ist ein Datum der besonderen Art.

Unvergleichlich melancholisch, wehmütig und still (aber nur bis höchstens Mitternacht), nachdenklich, rückblickend und bewegt, emotionsgeladen und gelegentlich ziemlich belastet vom Ballast eines ganzen Kalenders voller Leben.

Schwellenängstlich und heimwehkrank, sehnsuchtsvoll und erwartungsfroh ist dieses Datum einmalig und unverwechselbar faszinierend und abgründig zugleich. Mitunter ist den Leuten angst und bang beim Übergang vom alten in das unbekannte neue Jahr.

In allen Häusern und Familien gibt es darum Traditionen und Rituale, wie diese Giebelnummer einigermaßen schwindelfrei und kalkulierbar bewältigt werden soll.

Das gelingt mal gut und mal weniger gut. Je nachdem, was sich im Laufe der vergangenen 12 Monate an Reisegepäck angesammelt hat, was geschleppt und weitergetragen werden will.

Ob einsam trübselig oder gemeinsam rührselig begangen, ist ganz entscheidend für die nach oben offene Lichterskala am Himmel überm eigenen Land.

Der Abschied von einem ganzen Jahr kommt so kalendarisch allgemein und für alle gleichbedeutend daher, ist aber doch insgeheim eine als Datum getarnte Mutprobe für jeden Einzelnen in seiner unvergleichlich individuellen Befindlichkeit.

Dagegen hilft kein Fondue und kein Feuerwerk. Da muss man durch.

Und das dauert eine ganze Nacht.

Meine Frau und ich ziehen uns seit Jahren in den letzten Stunden des Jahres ganz in die Zweisamkeit zurück.

Seit die Kinder ihre eigenen Familien haben, sind wir meist nur bis zum späten Abend noch mit Freunden zusammen in einem Gottesdienst oder einem Konzert. Aber dann meiden wir ganz bewusst den Trubel und haben ein ganz besonderes Ritual für uns entdeckt.

Wir sammeln das ganze Jahr über schöne Momente, besondere Augenblicke, Bewegendes und Aufregendes, schreiben kleine Denkzettel, jeder ganz allein für sich, notieren das Erlebte mit ein, zwei Stichworten, heben etwas symbolisch auf, eine Eintrittskarte, einen Bon, eine Essensrechnung, eine auf dem Küchentisch für den anderen hinterlassene Botschaft, egal. Was auch immer uns im Laufe des Jahres ganz besonders beeindruckt und berührt hat. Wir sammeln schöne Erfahrungen, werfen sie in eine Sammelbox, in ein Schatzkästchen und verlieren darüber kein Wort. Das ganze Jahr über ist diese Aktion unausgesprochen am Laufen; ohne dass wir zwischendurch darauf zu sprechen kommen, steckt jeder ab und zu etwas rein, um es abzusichern vor dem Vergessen.

Dann erst in den letzten beiden Stunden des Jahres schütten wir alles auf den Tisch, breiten es sorgsam aus und setzen uns gegenüber mit einem Glas Sekt. Dann ziehen wir abwechselnd einen Zettel oder etwas aus dem Sammelsurium und lesen uns vor, was draufsteht. Spannend wird dann die gemeinsame Spurensuche, wenn wir zusammen rekonstruieren, was da wann und was mit uns passiert sein mag.

Bei diesem ganz eigenen Jahresrückblick kommen dann wirklich Schätze wie archäologische Funde auf den Tisch, von denen wir längst nichts mehr wussten: Szenen, Geschichten, Wohlgefallen, Liebesmüh und Mutprobenzeit, Begegnungszauber und sang- und klangvolles Allerlei, Kinder, Enkel, Familienleben eben, Nachbarn, Freunde, Zittern, Beben, Liebeskummer, was auch immer, Sorgenlied und Sommerkleid, Urlaubsschnipsel und Alltagskram.

Alles nach dem alten biblischen Motto:

„Und vergiss nicht, was er dir Gutes getan hat!"

Nicht auf alles können wir uns dann sofort einen richtigen Reim machen, aber das meiste ist zum Niederknien schön und reich und voll und gut.

Und so stoßen wir dann an, gottvoll dankbar für so viel Leben in einem ganzen Jahr.

Und ich frage mich dann immer wieder:
Ist nicht jeder Abschied vom alten Jahr ein Grund, mein Leben zu feiern?

60. Abschied von den guten Vorsätzen

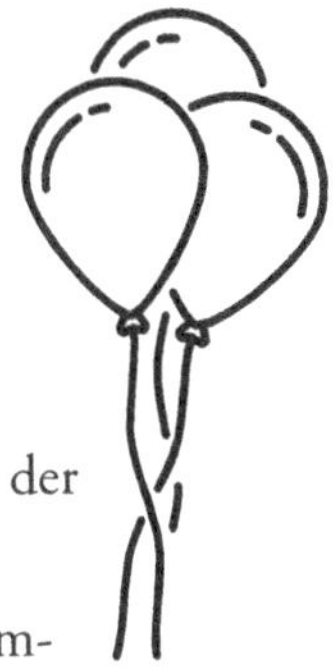

Immer wenn ein neues Jahr beginnt, kommt unweigerlich die Zeit der guten Vorsätze.

Und dann geht es, wohin man kommt und wohin man geht, immer wieder darum, was alles endlich anders und besser werden soll.

Und da knausert die Umgebung nicht mit optimistischen Zielen, die sie sich allesamt heldenhaft gesteckt haben und heroisch anzugehen gedenken, morgen, übermorgen …

Ich will da nicht mehr mitmachen. Ich bin fest entschlossen, mich für alle Zeit von den guten Vorsätzen zu verabschieden.

Mein Leben lang habe ich mir so allerhand vorgenommen bei jedem Jahreswechsel. Hab mir gesagt: Ich nehm mir vor, ich nehme ab, ich lebe gesünder, ich mache mehr Sport, ich geh früher schlafen, hör auf, mich zu ärgern …

Und dann haben diese guten Vorsätze mir dermaßen zugesetzt, aber nicht geholfen. Niemals. Im Gegenteil. Sie sind mir immer die Garantie dafür gewesen, dass ich chronisch unzufrieden geworden bin, mit mir.

Sogenannte gute Vorsätze sind die klassische Anleitung zum Unglücklichsein. Weils nie klappt wie vorgenommen.

Darum mach ich jetzt Schluss mit der elendigen Tyrannei der gut gemeinten Vorsätze. Ich will nicht mehr länger unter der selbst zu hoch gehängten Latte durchspringen. Ich beabsichtige, ab sofort nicht mehr irgendwelchen Idealmaßen nachzujagen. Weder was mein Gewicht betrifft noch andere aussichtslose Baustellen.

Ich guck mir in Zukunft schon weiter alles an, keine Angst, ich mach es mir schon nicht zu leicht, aber ich will kein Untertan mehr sein, kein

Untertan meiner eigenen Überforderungen. Ich werde jetzt wählerisch im Hinblick auf Entscheidungen in Sachen Lebensstil und Lebenslust.

„Prüfet alles und behaltet das Gute!", berät die Bibel lebensklug.

Ich nehme mir nichts Vornehmes mehr vor, nur noch Angenehmes!

Bin gespannt, was mir einfällt …

Eine erste Idee habe ich schon: Ich interessiere mich nicht mehr für die guten Vorsätze anderer. Nein, ich wills gar nicht mehr wissen, ich höre nicht mehr zu, wenn mir jemand seine heldenhaften Leistungen in Sachen Verzicht, Disziplin und selbst gewählter Quälerei demonstrativ triumphal mitteilen will.

Ich lasse mich davon nicht mehr beeindrucken.

Ich glaubs auch nicht mehr – obwohl ich ansonsten ziemlich gläubig bin.

Dieses Schaulaufen der Lebenskunst unter Inkaufnahme von Folter und Selbstkasteiung möchte ich nicht mehr sehen. Stattdessen arbeite ich zielstrebig am selbstbewussten Auftreten als Mann ganz ohne gute Vorsätze.

Wenn ich mir da nur mal nicht zu viel vorgenommen habe …

Ich frage mich:

Ist es nicht eine allmählich zur bitter wahren Gewissheit geronnene Erfahrung, dass ich auch im neuen Jahr ganz der Alte bin?

61. Abschied ohne Ende

Ich habe ein Video gesehen von einem grandiosen Abschied. Da haben Eltern ihrem Kleinen ein ganzes Bündel Luftballons an seinen Schnuller gebunden. Der steht da auf der grünen Wiese und nuckelt genüsslich und sichtbar erfolgreich daran.

Dann lässt eine Hand die Fäden der Luftballons los. Die wollen natürlich in die Luft abhauen und ziehen mächtig an dem Schnuller, den der Kleine noch immer beharrlich in seinem Mund festhält. Aber dann kommt der magische Moment doch. Er lässt los und der geliebte unentbehrliche Schnuller hebt ab und fliegt davon. Er wird immer kleiner und verschwindet schließlich im hohen Himmelszelt. Der Kleine steht am Ende winkend da und schaut nach oben. Er ahnt wohl noch nicht, dass das erst der Anfang einer unendlichen Geschichte war. Denn wir erleben ja auch nach dem Verlust des Schnullers noch Abschied ohne Ende. Unser ganzes Leben lang.

Der Schnuller mag zu den dramatischen Ersterfahrungen gehören. Was danach kommt, steht dem aber in Sachen Tragik in nichts nach. Auf unserer Lebensbahn passieren wir unentwegt gewisse Haltestationen, an denen wir höflich, aber bestimmt zur Abgabe von allerlei Unverzichtbarem aufgefordert werden.

Wenn wir alleine an die Schlüssel denken, die uns anvertraut und dann wieder weggenommen wurden, weil sich Räume zuerst für eine Lebensphase für uns geöffnet und dann wieder geschlossen haben. Mir sind da Studentenbuden und Dienstwohnungen in Erinnerung, von denen ich mich nur schwer trennen konnte. Die Abgabe meines Büroschlüssels beim Eintritt in den Ruhestand hatte durchaus symbolischen Mehrwert. Das zu verweigern wäre völlig daneben gewesen.

Ähnliche Abschiede, die einfach nicht reibungslos abgewickelt werden konnten, führten zum Teil zu bitteren Zerwürfnissen, die ich in meiner

Amtszeit durchaus auch erlebt habe. Ich weiß um die Not, die das bei allen Beteiligten auslösen kann.

Wenn ich an das Drama denke, als wir uns gezwungen sahen, unserem an Demenz erkrankten Vater die Autoschlüssel abzunehmen. Seine unbändige Wut über unsere unverschämte Übergriffigkeit auf sein Hoheitsgebiet eines selbstbestimmten Lebens war schier unerträglich. Später nahmen wir ihm vor seiner unvermeidlichen Einweisung in ein Pflegeheim sogar sämtliche Zimmerschlüssel und den Haustürschlüssel weg, weil er sonst sich selbst und uns alle permanent in größte Schwierigkeiten gebracht hätte.

Abschied ohne Ende – das heißt auch: Positionen räumen, Meinungen ändern, Wegbegleiter verlieren, Haustiere, Gewohnheiten, Vereinsmitgliedschaften, Tätigkeiten, Zuständigkeiten, Vorrechte, Machtpositionen, Schreibtische, Werkbänke und Verantwortung. Auch Rollen als zeitweise und begrenzt haltbar zu verabschieden, wenn möglich ohne Bitterkeit, innerer Verweigerung und Kränkung.

Die Abgabe des Führerscheins zum Beispiel ist für viele ältere Menschen eine Form von Entmündigung und Demütigung. Und doch unvermeidlich und notwendig.

Unvergessen ist mir wahrhaftig der Augenblick, als ich nach einem hochemotionalen Verabschiedungsgottesdienst als Dekan in der Kirchenbank saß und plötzlich feststellte, dass man vergessen hatte, mir das Amtskreuz abzunehmen. Also stand ich während des Orgelnachspiels auf, ging zum Altar und legte das Zeichen dieses auf Zeit zugetragenen Amtes auf der Altarbibel ab. Ganz viele Freundinnen und Freunde sprachen mich später auf genau diesen einzigen Augenblick des fast zweistündigen Gottesdienstes an, weil er für sie der entscheidende gewesen ist. Und meine weichen Knie hätten das ohne Zweifel bestätigen können.

Oder denken wir an die Momente im Krankenhaus, wo man uns nötigt, vor der OP alles, aber wirklich alles abzulegen, was wir an uns tragen: Uhr, Brille, Halskette, Ehering, Kleider.

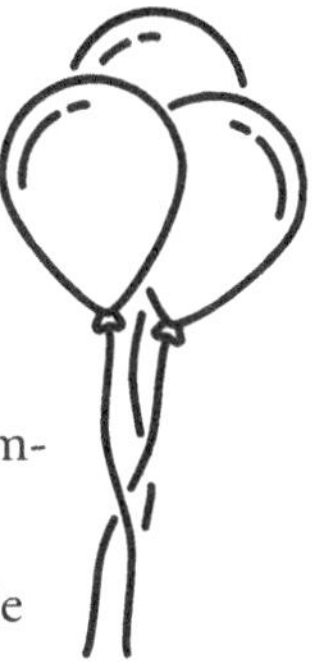

Und wie sich das anfühlt, dann mit dem lockeren Flügelhemdchen jenseits jeder Schamgrenze flach liegend außer Gefecht gesetzt zu sein.

Das ist Abschied ohne Ende im freien Fall. Tatsächlich! Abschied ist ein Dauerthema, keine Einzelattacke. Abschied ist eine Kernkompetenz unseres Lebens.

Wir üben die Nacktheit wieder ein, mit der wir einmal auf die Welt gekommen sind.

Ohne Schlips und Kragen, ohne Amtskreuz und Führerschein, ohne Terminkalender und Visitenkarte, ohne Telefonnummer und Personalausweis. Nur so. Nur als Mensch.

Menschenskind.

Ich denke an das alte Kirchenlied:

„Ich steh vor dir mit leeren Händen, Herr:
fremd wie dein Name sind mir deine Wege.
Seit Menschen leben, rufen sie nach Gott;
Mein Los ist Tod, hast du nicht andern Segen?
Bist du der Gott, der Zukunft uns verheißt?
Ich möchte glauben, komm du mir entgegen!"

Huub Oosterhuis, 1968

62. Abschied von den Tränen

Es gibt Experten, die glauben zu wissen, wie das mit dem Himmel ist.

Also wer – außer ihnen selbst – noch hineinkommen wird – und wer nicht.

Wie es dort zugeht. Worauf wir uns einstellen können.

Und da kommt uns nicht nur der Münchner im Himmel in den Sinn, der regelmäßig frohlockt.

Da gibt es durchaus weniger prominente, dafür aber umso penetrantere Zeitgenossen, die vorgeben, sich da ganz gut auszukennen.

Ich gehöre nicht zu ihnen.

Ich gebe zu, diesbezüglich vollkommen ahnungslos zu sein. Und sage auch gleich noch dazu, dass ich daran auch gar nichts ändern will, weil ich ganz viel von Arbeitsteilung halte. Und das auch, was meine Kooperation mit Gott betrifft.

Es sollte sich eben jeder um das kümmern, wovon er was versteht. Und da überlasse ich gerne alles, was den Himmel betrifft, meinem guten Gott. Der soll sich kümmern. Dann bin ich ganz beruhigt.

Es gibt allerdings eine Information über die Umstände im Himmel, die gibt uns die Bibel schon einmal als Vorschuss und Versprechen mit auf den Heimweg dorthin. Sie sagt nämlich, dass es im Himmel keinen Tod und keine Tränen mehr geben wird. Und das sind doch angesichts des Leidens und Sterbens auf dieser Welt absolut vielversprechende Aussichten.

Wenn man bedenkt, dass rein statistisch jeder Mensch in seinem Leben fast 70 Liter an Tränen weint, dann verspricht der Himmel doch Besserung.

Ich weiß zwar nicht, ob und wie man die Tränen eines Menschen überhaupt messen, wiegen, auffangen oder sammeln kann, zumal die meisten doch alleine und heimlich vergossen werden. Die sind dann wohl erst gar nicht in die Berechnung mit eingeflossen.

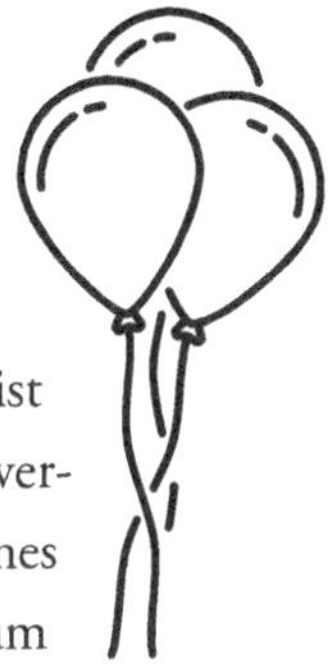

In jedem Fall aber können wir davon ausgehen, dass viel zu viel geweint werden muss auf der Welt. Umso himmlischer ist der Gedanke, dass es dort einmal ein Ende damit haben wird.

Eric Clapton, der britische Musiker, ist ein wunderbarer Gitarrist und Songwriter. Er hat vor Jahren seinen vierjährigen Sohn Conor verloren, als der in einem unbeobachteten Moment aus dem Fenster eines Hochhauses in New York in die Tiefe gefallen ist. Aus der Trauer um diesen tragischen Verlust ist ein großes Lied entstanden.

Es heißt: „Tears in Heaven". (Tränen im Himmel)

Es ist sicher die persönlichste Geschichte, die Clapton je in einem Song verarbeitet hat.

Er ist getragen von der tröstlichen Gewissheit, dass im Himmel Frieden herrscht und es dort eben keine Tränen mehr geben wird.

Es ist wahrscheinlich das weltlichste Lied über den göttlichsten Ort.

Und ein Lied mit einer ganz tiefen Wahrheit: Im Himmel wird es keine Tränen mehr geben.

Ich frage mich:
Muss ich noch irgendetwas über den Himmel wissen, wenn ich schon jetzt davon ausgehen darf, dass es dort weder Tod noch Tränen geben wird?

63. Abschied vom Abschied

Abschied fällt leichter, wenn wir uns wiedersehen.

Abschied zu nehmen ist mit dem Glauben, dass es nicht endgültig und für immer ist, erträglicher. Vielleicht.

Wenn wir zu Hause bei uns Besuch haben und es ist schön beisammen, wir essen und trinken und reden und lachen dabei, dann kann der Abend schon mal ziemlich lang werden.

Und wenn ich dann merke, dass unser lieber Besuch einfach nicht heimgehen will, obwohl es schon spät ist, dann hole ich den Kalender und frage in die Runde, wann wir uns wiedersehen.

Das bringt meistens Bewegung in die Sache. Sobald dann der neue Termin steht, fällt das Auseinandergehen leichter. Denn wir wissen ja: Wiedersehen macht Freude! Und den Abschied nicht so schwer.

Wenn wir uns schon voneinander verabschieden müssen, dann doch wenigstens mit der guten Aussicht, dass es nicht das letzte Mal war, dass wir so schön beisammen gewesen sind.

Das ist im ganzen Leben so und das gilt sogar im Sterben. Auch bei der Begleitung von Sterbenden habe ich das immer wieder erlebt. Irgendwann kommt die Frage nach dem Wiedersehen.

Mit manchen Freunden, die schon gegangen sind, habe ich sogar eine feste Verabredung im Himmel. Dort wollen wir uns treffen. Versprochen ist versprochen.

Jesus hat das auch so gemacht.

Ganz am Ende. Kurz vor seinem Tod sogar.

Da wurden ja neben ihm noch andere gekreuzigt.

Und einer davon hat sich kurz vor seinem Tod noch einmal an Jesus gewandt und gesagt:

„Bitte vergiss mich nicht, wenn du in den Himmel kommst!"

Und da hat Jesus prompt zu ihm gesagt:

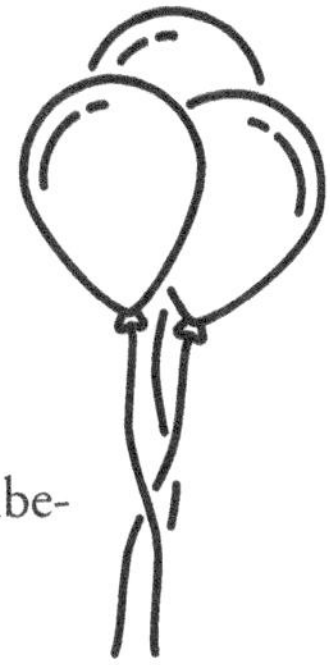

„Heute noch wirst du mit mir im Paradiese sein!“

Bei einem meiner letzten Gespräche mit einer lieben Freundin, die ich im Sterben begleitet habe, kamen wir auch auf die Frage, wie das wohl auf der anderen Seite weitergeht mit uns.

Was kommt, wenn wir gehen. Und da hat sie mich gebeten, unbedingt dieses Versprechen Jesu bei ihrer Beerdigung zu wiederholen:

„Heute noch wirst du mit mir im Paradiese sein!“

„Ich möchte gleich in den Himmel kommen!“, hat sie gesagt.

„Keine lange Warteschleife, sondern direkter Umzug. So wünsch ich mir das!“

Abschied fällt leichter, wenn wir uns wiedersehen.

Wer daran glaubt, ist wohl am Ende nicht arm dran, sondern himmelreich!

Ich frage mich:

Muss es nicht im Himmel ganz schön sein, wenn schon so viele liebe Menschen dort sind, die ich gerne wiedersehen will?

Biblische Bezüge und verwendete Bibelstellen

1. Abschied vom Chaos: 1. Mose 1,2f
2. Abschied vom Ballast: 1. Petrus 5,7
3. Abschied am Morgen: Psalm 143,8
4. Abschied am Abend: Psalm 103,2
6. Abschied von der Allmacht: 2. Mose 18,13f
7. Abschied vom Solotrip: 1. Mose 2,18
8. Abschied von zu viel Nähe: 1. Mose 13
9. Abschied vom Aber-Glauben: 1. Mose 18
10. Abschied von der Bitterkeit: 1. Mose 27+33
11. Abschied von der Vergangenheit: 1. Mose 19,26
12. Abschied vor der Ankunft: 5. Mose 34,4f
13. Abschied von der Herzlosigkeit: 1. Könige 3,1-15
14. Abschied vom harmlosen Gott: Philipper 2,12
21. Abschied von der Selbstüberschätzung: Matthäus 4,1-11
22. Abschied von der Mangelhaft: Matthäus 14,13-21
23. Abschied von der Maxi-Version: Markus 4
24. Abschied von der Quote: Matthäus 18,20
25. Abschied von Kult und Kommerz: Lukas 19,45; Matthäus 21,12ff
26. Abschied vom Dienst nach Vorschrift: Lukas 10,25ff
27. Abschied von falscher Bescheidenheit: Matthäus 26,6ff; Markus 14,3ff; Johannes 12,1-8
28. Abschied von dem vertrauten Dilemma: Johannes 5,2-9
29. Abschied vom festen Standpunkt: Matthäus 15,26f; Markus 7,27f
30. Abschied von der Logik: biblischer Bezug: Matthäus 18,12; Lukas 15,4
31. Abschied vom „letzten Wort“: Lukas 13,6ff

32. Abschied von der Hierarchie: biblischer Bezug: Johannes 13,1-17

33. Abschied vom „Immer stark sein“: Matthäus 26,36-46

34. Abschied von Schön-Wetter-Freunden: Markus 14,43-56

35. Abschied von der Gewalt: Matthäus 26,47-52

36. Abschied vom „lieben Gott“: Matthäus 27,45-50

37. Abschied von purer Selbstbestimmung: Matthäus 26,36-39

38. Abschied vom Grab: Matthäus 27,57-61

39. Abschied von der Steinzeit: Markus 16,1-8; 1. Petrus 5,7

40. Abschied vom Schwarzsehen: Lukas 21,28; 1. Mose 15,5

41. Abschied von der Ausweglosigkeit: Apostelgeschichte 2,38; 3,19; 8,22

42. Abschied von den Eltern: 4. Mose 6,25+26

43. Abschied von den Stichtagen: Prediger 3

46. Abschied von (zu) großen Zielen: Prediger 3

54. Abschied vom falschen Selbstbild: 1. Mose 1,27

57. Abschied von der Löffelliste: Prediger 3

59. Abschied vom alten Jahr: Prediger 3

62. Abschied von den Tränen: Psalm 126,5; Offenbarung 21,1-4

63. Abschied vom Abschied: Lukas 23,39-43

PS: – ein Epilog

Ich bin ein Pfarrer im Ruhestand. Das heißt: Ich übe das Loslassen und habe die Hände frei.

Wunderbar! Nach 40 Dienstjahren in verschiedenen Kirchengemeinden der Evangelischen Kirche der Pfalz, als Wanderprediger mit einer Mission darf ich jetzt ohne die Tyrannei des Terminkalenders meine Zeit selber einteilen. Endlich freier für die Menschen, die mir nahe sind, bin ich Ehemann, Vater und Opa mit Hingabe, darf Freundschaften aufmerksam pflegen und jeden Tag mit meinem Hund Toni spazieren gehen.

In der Zwischenzeit halte ich sehnsüchtig Ausschau nach Gott und der Welt.

Ich freue mich unendlich auf Susanne. Ich treffe mich mit Eberhard. Ich lese und schreibe.

Ich genieße unser neues Zuhause im schönen Wernersberg, fahre häufiger zurück in mein Heimatdorf an das Grab meiner Eltern und bin meinem Lebensweg auf der Spur mit all seinen Abschieden und Neuanfängen. Mittwochs treffe ich meine Geschwister am Donnersberg in der Nordpfalz. Wenn ich gute Nerven habe, gehe ich ab und zu mit Karin, Oliver oder Günter auf den Betzenberg und schaue mir die „Passionsspiele" meines FCK an, so lange, bis wir endlich wieder in der Bundesliga sind. Wenn die Enkelkinder kommen, fahren wir mit St. Anton, meinem Haflingerfreund, Kutsche quer durch die Weinberge.

Ich schreibe jede Woche ganz altmodisch Briefe mit Stift und Papier. Ich nehme mir viel Zeit für Menschen, die trauern, weil sie lieben. Ich erhole mich jeden Tag bei der Stallarbeit und werde als Kind vom Bauernhof lebenslänglich froh beim Geruch von Heu und Stroh.

Regelmäßig richte ich im Radio beim SWR Rheinland-Pfalz freundliche Morgengrüße vom lieben Gott aus und mache anstößige Bemerkungen im Auftrag meiner Kirche.

Und jeden Abend stehe ich dankbar da und winke meinem Tag hinterher, verabschiede, was war, und bin gespannt auf das, was der nächste Morgen bringt. Und das mache ich womöglich so lange, bis ich mit meiner Lebensfreude bis in den Himmel wachse.

Pfarrer i.R. Dr. Ludwig Burgdörfer

Mirjam Löwen

Mutig und stark – Meine Schwester Elli

Die Geschichte, die wir noch erzählen wollten

ISBN Buch 978-3-7655-2184-3

Auch als E-Book erhältlich

Mirjam Löwen erzählt vom Leben ihrer Schwester Elli, die nach langer schwerer Krankheit mit 32 Jahren starb. Sie nimmt uns mit in den Alltag einer Familie, die durch die Krankheit körperlich und seelisch, aber auch im Blick auf ihren Glauben an Gott massiv herausgefordert ist und die trotz allem ihre Hoffnung und Zuversicht nicht verliert.

Brunnen Verlag GmbH

www.brunnen-verlag.de

STEVE VOLKE
Die Hoffnung klopft an die Hintertür
Ermutigende Lebensgeschichten aus aller Welt

Adrian Plass

Still Crazy – Immer noch verrückt

Neues aus der Welt des frommen Chaoten

ISBN Buch 978-3-7655-2183-6

Auch als E-Book erhältlich

Mit spitzem Stift, viel Humor, Liebe und einer Prise Selbstironie greift der britische Bestsellerautor Adrian Plass aktuelle Themen auf und reflektiert sie aus der Sicht und mit der „Weisheit" des Alters. Sein Schreibstil ist sehr unterhaltsam und voll britischem Humor, in dem Leser die Handschrift der „Tagebücher eines frommen Chaoten" wiedererkennen werden.

Brunnen Verlag GmbH

www.brunnen-verlag.de